CÓMO DEJAR TU TRABAJO Y SER LIBRE

Toma los Pasos Correctos para Salirte de tu Trabajo y Obtener la Independencia Financiera que Buscas

HARRISON PARSONS

Índice

Introducción

Para mí, la vida de un emprendedor es un viaje en el que utilizamos el don que hemos recibido. Usamos nuestros talentos y dones para crear oportunidades para nosotros mismos y para los demás.

Recientemente vi un video en una de las redes sociales más populares de un discurso de uno de los comediantes y presentadores de televisión más importantes en Estado Unidos hablando al respecto de este tema. Fue un momento entre él y su audiencia presente en el estudio después de su famoso programa, transmitido en ese lado del mundo. En este breve video de cinco minutos, él solo dice la verdad. Conformarse con un trabajo es simplemente existir. Hacer un trabajo que odias hacer es estar en un estado de supervivencia. Cuando decidimos que queremos usar nuestros talentos para hacer algo más que trabajar, es cuando realmente comenzamos a vivir.

Ahora puedes decir que amas tu trabajo y que realmente disfrutas lo que haces. Créeme, entiendo lo que quieres decir y sé que mucha gente me dirá lo mismo.

Pero, ¿por qué no hacer lo que ama, ganar más dinero y ahorrar más tiempo? En lugar de desperdiciar tus dones y talentos para hacer que tu jefe sea cada día más rico, ¿no sería mejor enfocar esos dones y talentos en alcanzar tu máximo potencial?

¿Qué hubiera ocurrido si una de las periodistas y presentadora de televisión de origen estadounidense de color nunca hubiera tomado su carrera en sus manos y creado su propio programa de televisión? ¿Qué sería de ella si se hubiera quedado como presentadora de noticias? ¿Hubiese tenido la oportunidad de cambiar tantas vidas como lo ha hecho con su propio programa?

Sin las contribuciones de ella y de muchos líderes emprendedores, el mundo estaría muy por detrás de lo que podemos imaginar hoy. Claro, alguien puede desempeñar su papel, pero nadie puede reemplazar su personalidad y la forma en que desempeñan un papel tan importante en nuestra sociedad.

La vida de un emprendedor no es fácil. Habrá desafíos y dificultades que puedes encontrar en el camino. Quiero decirte esto ahora antes de que tengas falsas esperanzas sobre la vida que estás a punto de vivir.

La experiencia es sin duda gratificante, pero si crees que te harás millonario a los seis meses de abrir tu negocio, cambia tus expectativas. ¿Podrías ganar dinero pronto? ¡Claro que sí! Pero he visto empresarios desarrollar sus negocios muy rápidamente y cerrarlos con la misma rapidez. Quizás te estés preguntando "¿Cómo sucedió esto? ¿Crecer tan rápido?" Una organización empresarial sólida necesita tiempo para crecer.

Debe pasar por un período de madurez para poder sostener un desarrollo a largo plazo. Si lo que quieres es que tu negocio se mantenga a flote, entonces debes entender que ser emprendedor es como correr una maratón. Tienes que ser lo suficientemente rápido para ganar impulso, y al mismo tiempo ser consistente con tu negocio para que funcione sin problemas.

Cuando comencé mi negocio, no conocía más que fallas y cometí miles de errores. Mi primer cliente no estaba satisfecho y quería que le devolvieran su dinero. De hecho, se negó a pagar hasta que negociamos la mitad del precio original. ¡Esto fue muy vergonzoso! Después de aprender la lección, mi segundo cliente quedó satisfecho con la experiencia. Hubo un momento en que pensé que fracasaría por las deudas que había acumulado para llevar el negocio. Pero conozco mi objetivo. En lugar de centrarme en la deuda, decidí centrarme en ganar más dinero y aumentar los rendimientos de mi negocio. No había manera de que diera un paso atrás. Siempre era cuestión de "levántate y continúa".

Si elegiste este libro por curiosidad o porque te encuentras especulando sobre la vida de un emprendedor, te invito al reino de las posibilidades. Los empresarios no piensan exactamente como los empleados, está claro que hay una diferencia en su estado de ánimo. Definitivamente discutiré estas diferencias a lo largo del libro y es probable que estés familiarizado con ellas.

He aquí la pura verdad y la perspectiva que yo poseo acerca de las diferencias entre el mundo del emprendimiento y el del empleo formal. Si alguna vez has experimentado la vida de un empleado, probablemente hayas pasado por la temida "hora pico" y sabes lo que eso significa para ti. Pasar algo así como una hora en medio del tráfico para llegar al trabajo. Mientras estás en el trabajo, ¿sabías que la mitad del dinero que ganas es tomado por el gobierno? Piensa en las manos de quién llega primero tu cheque, si es que aún no lo captas. Y luego, adivina quién toma parte de lo que gastas al ir de compras. Oh, sí. Simón lo ha hecho de nuevo visitando tu cajero personal, es decir, tus impuestos de ventas. Claro que, al manejar de vuelta a casa, es otra hora en la que inviertes. ¿Mencioné que nunca te pagan después de manejar por dos horas? Así que, ¿de las ocho horas que te la pasas trabajando, cuánto del dinero que ganas es realmente tuyo? Más o menos la mitad. El 30% de tu nómina, 10% en la tienda, y un poco más si es que tienes una casa o un coche. Incluso el agua ahora tiene impuestos.

Bueno, podrías estar pensando: "¿Los dueños de negocios no tienen que sufrir como nosotros?" Mira, cuando obtienen nuestro dinero, el gobierno no puede obtenerlo primero.

Va directamente al banco de la empresa. El SAT aún no está involucrado. Ahora, como dueños de negocios, somos libres de invertir nuestro dinero para financiar nuestro propio negocio.

Muchas cosas pueden considerarse inversiones comerciales. Por ejemplo, si conduces tu propio automóvil mientras haces mandados, puede considerarse una inversión. Al final, estás haciendo esto por esto, no por ti. Asimismo, las vacaciones pueden ser consideradas "viajes de negocios" si contribuyen, entre otras cosas, a la promoción de la empresa. Como propietario de un negocio, puedes administrar tu tiempo, actividades y dinero para tu vida y trabajo, todo al mismo tiempo y con gran comodidad.

Esta es la mayor diferencia entre un empleado y un empresario. Como empleados, intercambiamos nuestras cosas más valiosas al precio más bajo. Los empleados intercambian tiempo por dinero. Por eso decimos que nos pagan "por hora". El tiempo es nuestro activo más valioso. Uno de mis guías una vez me dijo esto, y me voló la cabeza.

El Quién

HONESTAMENTE, pensé en comenzar con el "por qué" como el primer capítulo de este libro. Fue una decisión difícil. Fue una decisión difícil. Tanto el "quién" como el "por qué" son importantes al iniciar un negocio. Al final, decidí elegir "quién" primero porque ¡hablaremos de ti! Porque ante cualquiera de tus clientes, proveedores, inversores y socios; ahí estás tú. Tu eres la persona más importante en este contexto. Y sí, tus clientes también importan.

Entonces, ¿cómo sabes que eres un emprendedor? ¿Cómo sabes que fuiste hecho para esto? Bueno, elegiste este libro, ¿verdad? Esto significa que estás listo para comenzar algo.

. . .

Eres una persona con iniciativa. ¡Quieres construir algo!

Puedo decirte que siempre fui un iniciador. Cuando era niño, hacía dibujos y escribía carteles sobre las cosas que me inspiraban. Mirando hacia atrás, yo era un emprendedor nato. Me encantaba crear, producir, mostrar y presentar. Sin mencionar que soy un fanático de la atención. Me gusta estar afuera y recibir la mayor atención posible. Todo comenzó en mi infancia. Y este hábito no sólo ha ocurrido una vez, he tenido algunos momentos en los que dibujar y presentar se convirtieron en un hábito cuando encontraba algo que me inspiraba.

Cuando me di cuenta de que ser un iniciador se encontraba en la naturaleza, rápidamente la acepté como parte de mí. Y entonces comencé una búsqueda para aprender más sobre mí mismo. Tomé pruebas de personalidad y comencé a probar mis límites. Te daré algunas herramientas para entender mejor tu lado emprendedor y te daré procedimientos legales que te darán una imagen más clara de tus fortalezas y debilidades como emprendedor.

Esto es importante porque saber quién eres como emprendedor te guiará a la hora de crear tus propios criterios de empleo. Luego considera contratar personas que te ayuden a fortalecer tus debilidades y mantener el equilibrio.

Tipos de personalidad MBTI

Los tipos de personalidad clasificados bajo el MBTI (Myers-Briggs Type Indicator) son una gran herramienta que podemos utilizar al momento de averiguar cuál es tu lado emprendedor. Originalmente, de acuerdo a un reconocido psicólogo, el MBTI es una evaluación general de dieciséis tipos de personalidad entre personas alrededor del mundo. No me pondré muy técnico al hablar de la idea general de esta evaluación pero sí te mencionaré cómo es que ésta puede serte de gran ayuda.

Naturalmente la gente encajaría dentro de uno de los términos de introversión o de extroversión. Las personas que son tímidas por naturaleza o menos inclinadas a acercarse a las personas pueden describirse como introvertidas. Por otro lado, las personas que buscan atención, vivacidad y disfrutan de la compañía son extrovertidas.

Antes de continuar, tómate el tiempo para realizar la prueba de personalidad MBTI. Muchos sitios ofrecen este tipo de cuestionario. Recomiendo responder una evaluación de 30 a 50 preguntas. Cuantas más preguntas, más precisos serán los resultados.

La gente suele decirme que los extrovertidos son mejores empresarios y no estoy de acuerdo con esa afirmación.

He visto muchos introvertidos exitosos que han superado incluso a los miembros extrovertidos de la comunidad empresarial. Se trata más de cómo te enfocas y canalizas tu energía social natural hacia el éxito. El hecho de que estés abierto no significa que no puedas tener éxito.

En mi opinión, los introvertidos son muy inteligentes cuando se trata de datos. Son muy detallados y analíticos sobre sus números, patrones e ideas. He visto a personas introvertidas ser pioneras e impulsar excelentes productos tecnológicos.

Necesitarás a esa persona para manejar los detalles de tu negocio. Los introvertidos son buenos gerentes y tienen la capacidad de tomar las cosas paso a paso.

. . .

Los empresarios extrovertidos son visionarios. No digo que los introvertidos no puedan ser buenos, pero los extrovertidos son naturalmente mejores para interactuar con las personas y manejar mejor las situaciones altamente estresantes. Son excelentes líderes. Ellos ven el camino y van directamente hacia él.

Mi punto es que necesitas tanto de gente extrovertida como introvertida para dirigir un negocio exitoso.

Necesitas personas que sean excelentes en lo que hacen para ayudar a que tu trabajo sea positivo y te apoyen con las cosas que no puedes hacer por tu cuenta. Debe haber armonía dentro de tu grupo de trabajo y contigo y tus futuros socios.

Cuando se trata de ser consciente del "quién" en tu negocio, debo decir que no es solo un problema de extrovertido/introvertido. Examina qué tipo de persona eres y qué debilidades necesitas compensar con quienes te rodean.

Encuentra tus fortalezas

.   .   .

Existe una herramienta que te puede ayudar a encontrar tus fortalezas. Aunque he tenido dificultades para encontrar evaluaciones gratuitas de esta herramienta, definitivamente la recomiendo para cualquier persona, incluso a aquellas que no son emprendedores. No importa si tienes que pagar por ello, sin duda vale cada centavo que invertirás en conocer tu top 5 de fortalezas. De igual forma puedes comprar el libro por menos de $200 pesos.

Si estás dispuesto a pagar una cena por la misma cantidad, ¿por qué no invertirlo en mejorarte a ti mismo? Toma ese dinero y haz un buen uso de él. te dará una lista sólida de tus fortalezas. Existen un total de 34 talentos y fortalezas que están listadas dentro de la evaluación total.

A la par de lo que dije de MBTI, conocer tus fortalezas te dará una idea de dónde necesitas comenzar.

Si eres un diseñador gráfico natural, concéntrate en crear mejores gráficos y herramientas de marketing para tu nuevo negocio y compensar tu falta de experiencia financiera.

Busca a alguien que te ayude con esta tarea. En última instancia, querrás aprender cómo convertirte en un profesional de la contabilidad, pero por ahora, concentrate en tus puntos fuertes. En muchas ocasiones, los nuevos emprendedores se quedan pensando más en lo que no tienen que en lo que sí tienen y lo que pueden hacer para comenzar.

Trabajando en ti mismo

Así como estás trabajando para crear tu negocio, la primera y más importante tarea es trabajar en ti mismo. Llamaremos a esto desarrollo personal. Aprenderás a amar todo eso con bastante rapidez, te lo prometo. Quiero que empieces dedicando de 30 minutos a una hora cada día para pasar tiempo a solas contigo mismo. Si decides que esta es la primera tarea que planeas hacer, ¡bien por ti! La forma en que comiences tu día puede determinar cómo será el resto de tu día. No, no escucharás las noticias de la mañana.

No empieces tu día con tonterías negativas que te vienen a la mente. Afectará tu posición. En este marco de tiempo de treinta minutos a una hora, te aislarás del resto del mundo.

. . .

¡Esta será una gran oportunidad para terminar y leer el resto de este libro! ¡30 minutos al día! Sé curioso y aprende a superarte a través de la experiencia y el conocimiento de los demás. ¡El hecho de que hayas elegido este libro demuestra que está en el camino correcto!

También puede usar tu tiempo de desarrollo personal para ver un curso en línea sobre cómo aprender una nueva habilidad. Asegúrate de concentrarte en acumular conocimientos por ti mismo, no porque tengas que hacerlo. Este es el momento en que puedes trabajar por tu cuenta. No trates este tiempo como una tarea. Personalmente, me gusta este momento porque puedo tomar té con calma y concentrarme realmente en desarrollar mi mente y mi cuerpo.

Elige positividad

Cuando te despiertes por la mañana, tienes una decisión muy importante por delante. Varias guías me han dicho que la forma en que pasas los primeros 15 minutos del día puede afectar en gran medida el resultado del resto del día.

. . .

Como mencioné antes, evita mirar las noticias de la mañana. De hecho, no enciendas el televisor ni revises el teléfono celular en absoluto. Lo que escuchas, ves y sientes finalmente moldearás tus actitudes con el tiempo. Si regularmente llenas tu mente con noticias negativas, nunca serás una persona negativa. La negatividad entra y sale. Si realmente quieres tener un impacto positivo en el mundo, debes alimentar tu mente con positividad.

Verás, tu mente es como una esponja. Ya sea que estés prestando atención o no, tu mente subconsciente absorberá todo. Es por eso que tu entorno es tan importante, especialmente cuando se trata de con quién estás saliendo. Cuando la esponja absorbe agua sucia, la esponja se ensucia. ¡Está goteando agua sucia, literalmente! Pero cuando pasas agua limpia a través de él, verás una esponja limpia.

Quiero que pruebes un experimento en los próximos 30 días. Durante este tiempo, quiero que evites deliberada e intencionalmente todas las formas de noticias. No me importa el canal que quieras poner.

Ahora, no te estoy diciendo que te deshagas de todos tus amigos. Todo lo que tienes que hacer es encontrar los amigos adecuados para estar. Podrías decir, "¡Pero ellos son mis amigos!" Bueno, ¿lo son? ¿Los amigos dejan que sus amigos se ahoguen en la negatividad? Personalmente, veo la negatividad como una especie de veneno.

Si tus amigos te echan sustancias tóxicas en la cabeza, obviamente necesitarás nuevos amigos. Lo que quieres es tener amigos que puedan ser una buena fuente de apoyo y te den una mejor perspectiva sobre las decisiones que tomarás en tu negocio.

Construyendo hábitos saludables

¡Esta es mi parte favorita! Cuando se trata de desarrollo personal, elegir a las personas adecuadas, o elegir la positividad, debes automatizarlo.

Son tus nuevos hábitos los que te ayudarán a crecer y triunfar. Puede que tengas las mejores metas del mundo, pero tendrás que esforzarte aún más si no tienes buenos hábitos.

Cuando te embarques en un cambio, te enfrentarás a la resistencia. Justo como un cohete siendo proyectado al aire, se necesitará una cantidad masiva de esfuerzo al principio.

Pero una vez que este se encuentra fuera de la atmósfera terrestre, no se necesita casi nada de energía para cambiar de dirección y tomar impulso.

Lo que te voy a pedir que hagas será muy complicado al inicio. Una vez que repetidamente tomes acción para desarrollar hábitos saludables, se convertirá en un proceso casi automático para ti.

Pero primero, hablemos de los malos hábitos. Aprendí este concepto de un libro que leí hace algún tiempo. En este libro se habla de una de las mejores maneras de deshacerse de un mal hábito. En lugar de tratar de disminuir la intensidad de un sólo mal hábito, trata de adherir buenos hábitos que funcionen en contraposición. Se pone el ejemplo de un padre que tiene el mal hábito de ver televisión por demasiado tiempo. En lugar de tratar de dejar este mal hábito, encontró un pasatiempo que eventualmente lo enganchó.

· · ·

Fue allí y encontró una buena cámara y tomó algunas fotos geniales de la naturaleza y sus hijos. Así que ya no está pegado al sofá, sino que pasa tiempo con sus hijos haciendo algo que le encanta. Mientras tanto, se convirtió en una buena influencia para sus hijos.

Si enfrentas el mismo problema, desarrolla un hábito efectivo que funcione para tu negocio. Si estás pensando en iniciar un negocio de fotografía, lo mejor que puedes hacer es traer tu cámara. Tal vez pueda invitar a familiares, socios o amigos a unirse a ti. Esto no solo beneficia a tu negocio, sino que también enriquece tus relaciones con quienes te rodean.

Ahora, hagamos esto. Te voy a dar 6 pasos para adquirir un buen hábito. No estoy hablando de escribir tus resoluciones de Año Nuevo y terminar olvidándolas después de uno o dos días. Me refiero a realmente poner tus decisiones en acción.

Ahora bien, esto es diferente a establecer metas. El hábito se trata de crear el entorno adecuado en el cual lograr tus objetivos. Para lograr tu objetivo, necesitas un entorno ideal.

1. Define el nuevo hábito

Consigue algo sobre donde puedas escribir. Prepárate para anotar tus nuevos hábitos. La tinta verde hará que estos hábitos sean deseables. Según un estudio de color realizado hace unos años, el verde afecta positivamente a nuestra mente, ¡así que debe ser verde!

A continuación, escribe cinco nuevos hábitos que quieras empezar a seguir. Sé específico y claro sobre lo que quieres. Podría ser cualquier cosa. Puede ser tan simple o tan complejo como desees y en el formato que más te convenga.

2. Libre de tu resistencia

El segundo paso es eliminar lo que te está frenando. Ignora todo lo que te perjudique y te impida formar nuevos hábitos.

Si su nuevo hábito es levantarte temprano, descubre qué te detiene. ¿Te quedas despierto hasta tarde para ver tu programa favorito? Si te acuestas a las 3 AM, obviamente no adquirirás el hábito de levantarte a las 6 AM todos los días. Profundiza en las cosas que te retienen. ¿Se trata de tomar una sola decisión?

. . .

Entonces, una vez que hayas identificado lo que te detiene, ¡deshazte de eso! ¡Ahora! Si puedes hacerlo, ¡hazlo! Si tu objetivo es perder peso, ve a la cocina y deshazte de toda la comida chatarra. Consigue una bolsa grande y llénala con lo que sea que te impida alcanzar tu meta. Deshazte de él o dáselo a otra persona.

3. Obtén algo de responsabilidad

Ahora que no hay nada que te impida adoptar tus nuevos hábitos, necesitarás a alguien o algo que te empuje hacia adelante. ¿Sabes cómo evitar rendirte? Crea un sistema de rendición de cuentas que funcione para ti. Cuéntales a tus amigos sobre tus nuevos hábitos. Asegúrate de que te los recuerden.

Otra excelente manera de ser responsable es anunciar públicamente tus nuevos hábitos en alguna de las redes sociales que utilizas. Cuando haces algo público, sabes que no te rendirás. Es un compromiso de hacer nuevos amigos.

Si algunas personas te critican, ignóralos. Su miedo real es darse cuenta de que estás actuando en tu vida y que ellos no.

. . .

4. Programate

Uno de mis mentores me dijo que escribir tus nuevos hábitos en papel te ayudará a identificarlos, pero programarlos te traerá otros nuevos. Quiero que programes tu rutina en un diario y confíes en tu horario. Cuando planees un nuevo hábito, asegúrate de tener suficiente tiempo para practicarlo.

Recuerda siempre mantenerte constante en tu horario semanal. No cambies tu horario cada semana. Si decides levantarte a las 6 a. m. todos los días, intenta ceñirte a este plan por el resto de tu vida. A menos que te mantengas en todo tu potencial, no verás los resultados que deseas. Tampoco quiero que vengas aquí para recuperar el dinero de este libro.

5. Mide tu progreso

Medir tu progreso te dará una idea general de dónde te encuentras y dónde debes estar. Incluso puedes utilizar tu calendario para realizar un seguimiento de tu progreso. Al final del día, puedes escribir en tu calendario si has tomado medidas al respecto o no.

6. ¡Declaralo!

Otra forma efectiva de comenzar un nuevo hábito es

declararlo. Cuando declares la victoria en tu nuevo yo, tu mente subconsciente se sentirá fuerte y completa. Ahora bien, no soy psicólogo, pero hay una clara diferencia entre simplemente escribirlo y decirlo con firmeza y claridad. De hecho, ¡haz ambas cosas! Repite esto todos los días.

En última instancia, programarás tu cerebro para que te sientas así cada vez que adoptes un nuevo hábito saludable.

No te detengas. ¡Grita cuando declares! ¿A quién le importa si alguien escucha? Todo el mundo es un poco raro de todos modos. No tienes que ser mediocre para tener éxito; se necesita locura para tener éxito.

Te pediré que lo hagas de nuevo una vez que hayas definido tu objetivo. Muchas de las cosas que te voy a pedir que hagas te parecerán incómodas y difíciles de hacer. Pero, ya sabes, aquí es donde más crecerás. Sal de tu zona de confort y encuentra lo mejor de ti. Si tu versión actual no te ayuda a tener éxito, no impidas que tu nuevo yo se haga cargo.

· · ·

Rodéate de las personas correctas

Las personas que te rodean jugarán un papel muy importante en la formación de tu mente y tu trabajo. En este capítulo, te daré una guía sobre los tipos de personas con las que deberías salir y de las que deberías mantenerte alejado.

No estoy tratando de enseñarte cómo hacer amigos o decirte que dejes ir a las personas que ya tienes. Lo que quiero lograr es que aprendas a ser consciente del impacto que algunas personas tienen sobre ti, ya sea positivo o negativo.

Ahora, es importante que sepas que quiero que seas fiel a ti mismo y a la forma en que eliges a las personas que te rodean. Si realmente crees que las personas con las que te relacionas son una mala influencia, quítalas de tu vida de inmediato. Hay mejores personas que quieren ayudarte a crecer y transformarte en aquello que muestra tu verdadero potencial.

Eres lo que tus amigos son

. . .

La ley de asociación establece que tus cinco mejores amigos deciden quién eres. Por lo tanto, si estos amigos disfrutan usando drogas o incitando a la violencia innecesaria, es probable que estés usando drogas o incitando a la violencia del mismo modo que tus amigos lo están haciendo.

Del mismo modo, si tienen éxito y están dispuestos a ayudar a los demás, es probable que tú también tengas éxito y te conviertas en una influencia positiva para los demás.

Comprende que las personas que te rodean también influirán en tu trabajo. En última instancia, tu y tu empresa permanecen unidos, especialmente en las primeras etapas.

Si quieres que tu negocio crezca, debes hacer lo mismo.

Comienza con las personas con las que te emparejas.

Elige quién será el responsable de tus actos y de los resultados que produzcan. Te encantará tener amigos que también sean emprendedores o dueños de negocios como tú. De esta manera, pueden guiarte a través de pruebas y tribulaciones. Otra sugerencia que me gustaría hacer es rodearte de amigos que sean más inteligentes y exitosos que tú. Te motivarán e inspirarán a tomar riesgos para que siempre puedas lograr el mismo éxito por tu cuenta.

Los cinco fantásticos

No solo es importante contar con un buen grupo de colegas, sino que también es importante conocer a expertos que puedan ayudar a proteger tu negocio mientras te guían en el camino. Por supuesto, te recomiendo que mantengas este libro como tu guía principal, pero aun así quiero que busques nueva información.

1. **Abogado**

Contar con un buen abogado te ayudará con el ámbito legal de tu negocio. Ahora, no tengas miedo cuando te diga que vayas a un abogado. Es como ir al dentista. Todos temíamos ir al dentista a menos que fueras uno de esos niños que disfrutaban de esa experiencia. Finalmente, tener un abogado que te ayude con todo el papeleo te ahorrará problemas en el futuro.

· · ·

Vivimos en un mundo donde todo se puede buscar en Internet para obtener respuestas e información. Muchos empresarios me dicen que no necesitan un abogado porque pueden buscarlo todo en línea. ¡Respuesta incorrecta! Sí, hay un montón de buena información disponible en línea, pero es posible que muchas de ellas no se apliquen a ti y al tipo de negocio que estás ejecutando. Tengo empresarios que gastan dinero en trámites que no necesitaban en primer lugar.

Puedes decir que un abogado es caro, pero los errores que cometerás sin uno serán aún más costosos. ¡Así que presta atención a mi advertencia y busca un buen abogado!

Así que aquí hay algunos consejos para encontrar un abogado sólido. ¡Has las preguntas correctas! Encuentra un abogado que trabaje con empresarios y dueños de negocios. No trabajes con un abogado de divorcio si estás tratando de iniciar un negocio.

Asegúrate de que tu abogado conozca las leyes estatales y locales. Pregúntale a tu abogado qué tipo de experiencia tiene trabajando con dueños de negocios. ¿Este abogado peleó y ganó el caso en la corte? Y lo más importante, ¿tiene licencia para ejercer la abogacía en tu estado o país? De hecho, conocí a un abogado que ni siquiera tenía licencia y estaba dispuesto a acusarlo. Por cierto, esto es ilegal. Por último, busca un abogado que conozca muy bien la industria en la que te encuentras.

2. **Contador Público Certificado (CPC)**

Junto con tu abogado, haz de tu contador tu mejor amigo. Tu CPC y tu abogado deben asegurarse de que no te metas en problemas y de que ahorres dinero en impuestos.

Ahora bien, hay médicos buenos y médicos malos en el mundo, ¿no? ¿Es razonable creer que hay buenos contadores y malos contadores? ¡Claro que sí! Quiero decir, a algunos contadores públicos no les importa si realmente estás ahorrando dinero en impuestos.

Es posible que no conozcan algunas leyes fiscales o leyes que pueden ahorrarle dinero. No es su culpa. Lo que no saben, no lo saben y ya está.

Al igual que cuando busca un buen abogado, haga buenas preguntas cuando busques un contador público certificado.

. . .

No nombraré servicios específicos por el momento, pero no recomendaría acudir a un servicio de impuestos "estándar".

Me refiero a uno de esos puestos o tiendas minoristas con las que te encuentras con un profesional de impuestos. Quiero que busques un verdadero contador que se haya ocupado de los negocios.

3. **Desarrollador de web y de software**

Considero que el desarrollador web y de software es uno de los Cinco Fantásticos por muchas razones. Estadísticas recientes muestran que el 75% de los clientes de EE. UU. están ahora en línea. Esto te dice que tu negocio también debe estar en línea. Deberías poder influir en la decisión del cliente mientras te buscan en internet.

Si no eres tan experto en tecnología como los demás, ¡genial! Encuentra un desarrollador dispuesto a ayudarte a hacer crecer tu negocio en línea.

Además, asegúrate de encontrar un diseñador o desarrollador web que entienda tu trabajo. Te lo digo ahora, no hay nada más frustrante que un desarrollador web que no entiende tu servicio o producto. Es muy importante. Discutiremos esto con más detalle cuando hablemos de "dónde".

4. **Socio**

Si estás pensando en encontrar un socio para tu negocio, debes tener en cuenta que tu relación anterior con esta persona puede verse afectada. Sin embargo, aún puede ser una gran oportunidad para que tu y tu socio compartan la pasión y el entusiasmo de administrar un negocio juntos. Habrá momentos en los que odiarás a tu compañero y momentos en los que los consideras tu mejor amigo. Todo es parte de aprender a comunicar tus pensamientos, ideas y sentimientos.

Recuerda que pase lo que pase con tu negocio, tu socio siempre debe estar en la lista. Debes estar dispuesto a discutir cada pequeño detalle sobre el plan que tienes con tu socio. No importa lo pequeño o insignificante que sea, compártelo con tu compañero. He aprendido esto cometiendo errores con mis propios socios en el pasado. Tiendo a olvidar compartir información porque siempre estoy enfocado en manejar el negocio a mil kilómetros por hora para así poder llegar a nuestra meta. En ocasiones necesitarás bajar el ritmo de trabajo en aras de aumentar la productividad de la asociación. Sé honesto y claro con respecto a tus pensamientos y lo que sientes con respecto al negocio.

Al comienzo de este capítulo hablamos sobre tu personalidad y tus fortalezas contra tus debilidades. En general, debe tener un socio en su negocio que pueda ayudarte a compensar tus debilidades. Si no eres un gran vendedor, busca a alguien. No tienes que ser bueno en todo para dirigir un negocio. Solo tienes que ser capaz de encontrar a la persona adecuada en el lugar adecuado.

Hace años, en mi primera empresa, trabajé en estrecha colaboración con alguien que era un experto en tecnología y estaba involucrado en cierta parte de mi trabajo. Trabajé con esta persona por un tiempo porque yo no compartía el mismo nivel de habilidad que él tenía. Fue una relación de trabajo totalmente integrada porque él aportó conocimientos y habilidades que yo no tenía. Mientras desempeñaba su papel, contribuyó a las ventas y el marketing. ¡Era una combinación perfecta!

5. **Especialistas de productos y servicios**

Estaba pensando en no incluirlo en los Cinco Fantásticos porque podría no aplicarse a todos. Un especialista en productos o servicios es alguien que sobresale en lo que hace. Esta persona podría ser un buen programador de computadoras o saber todo acerca de las cosas que vendes.

Piensa eficientemente

Cuando aconsejo a mis clientes, siempre les digo que encuentren la manera de administrar su negocio con solo hacer clic en un botón. Me encanta la filosofía de "un botón lo hace todo". ¿No sería genial si todo lo que tuvieras que hacer fuera presionar un botón rojo que haría casi cualquier cosa por tu negocio? Simplifica tu trabajo. La complejidad provoca desperdicio y fomenta los errores en el camino.

Intenta reducir el tiempo y el dinero que gastas creando productos o desarrollando servicios sin sacrificar la calidad.

Pregúntate a ti mismo "¿dónde dentro de mi negocio puedo simplificar las cosas? ¿Qué cosas de mi negocio puedo minimizar sin que afecte a la calidad?"

. . .

Recuerda cómo hablamos sobre el sistema anteriormente. El sistema es tu mejor amigo cuando se trata de mantener tu negocio simple y sin complicaciones. Este es el momento del seguimiento y la observación. Si sabes dónde te encuentras en tu negocio en términos de rendimiento y producción, puedes encontrar formas de reducir los pasos adicionales o los esfuerzos que te frenan.

Comenzarás a ver áreas en tu trabajo que sabes que podrían mejorarse. Es por eso que hablé sobre rastrear y monitorear todas las cosas y sistemas que son parte de tu negocio. ¿Ves como todo se disuelve perfectamente?

Sé que para algunos de ustedes, esto no es algo a lo que estén acostumbrados. Esto es bueno. Todos tenemos espacio para el crecimiento y el cambio. Si el monitoreo de datos te incomoda, busca un socio dispuesto a asumir este rol dentro de tu empresa. Encuentra un compañero que vea las cosas de manera diferente a ti, como mencioné en el primer capítulo de este libro. Saber que tu socio puede ayudarte y guiarte cuando necesites gestionar asuntos respecto a la reducción de procesos y sistemas, dejará que gastarás menos tiempo y esfuerzo tú solo en la creación de un negocio exitoso.

Contabilizando tu dinero

. . .

Antes de discutir este tema, quiero que sepas que no soy contador público. Sin embargo, hablo como un hombre de negocios experimentado que ha trabajado con contadores y se ha capacitado en este campo. Habiendo dicho eso, no puedo darte consejos sobre impuestos en este libro.

Me gustaría que buscaras el consejo de un buen contador.

Convierte a los contadores en tus mejores amigos y déjalos que te ayuden a hacer crecer tu negocio. Invítalos a cenar o almorzar y conócelos. ¡Ellos también son humanos!

Pero para alegrar tu experiencia de trabajo con contadores, te voy a enseñar varias cosas cuando se trata de contabilizar tu dinero.

Primero, rastrea y controla los ingresos, los gastos y las inversiones en tu negocio. ¡Clasifica todo! Puedes usar cualquier herramienta que quieras. Hagas lo que hagas, vigílalo, tu contador te pedirá que des todo a detalle. Esto significa clasificar y etiquetar los gastos en grupos. Entonces, si has gastado dinero en comida, llámalo "comidas y entretenimiento". ¡Esto ayudará a tu contador a superar la temporada de impuestos!

Esto también incluye cualquier inventario. También puedes ayudar a tu contador categorizando el estado de tu inventario. Hazlo individualmente y cuenta cuántos productos tienes. Registra cuánto inventario tienes y cuánto valen.

Existen métodos específicos sobre cómo se realiza el seguimiento del inventario, así que habla con tu contador sobre el método adecuado para tu negocio.

Una última cosa, ¡guarda siempre tus recibos de compra comercial! Si gastas cien pesos en una reunión de café con un cliente potencial, eso cuenta como un gasto comercial.

¡Guarda este recibo! Una vez que tengas tu recibo, detalla cada cuenta que tengas. El Servicio de Impuestos Internos (IRS), también conocido como nuestro mejor amigo, te pedirá los recibos cuando sea auditado. . Date cuenta que no dije "si es que eres auditado" y en lugar dije "cuando seas auditado". Esto porque efectivamente serás auditado en algún punto. Es casi una garantía. Pero cuando esto suceda, quiero que estés protegido tú y tu negocio. Por cierto, si no he mencionado esto antes, más te vale contratar un buen contador.

Guarda los recibos, escribe una breve descripción de los detalles de cada recibo y escanéelos para guardarlos en un archivo. Si no tienes un escáner, puedes usar las aplicaciones gratuitas en tu teléfono para hacer tu tarea. No puedo enfatizar lo suficiente la importancia del monitoreo constante de tu dinero. Muchos de ustedes pueden haber elegido este libro para aprender cómo iniciar una pequeña empresa, pero pagar impuestos y ganar dinero no es algo que podamos tomar a la ligera. ¿Acaso mencioné los impuestos? Púes sí, tendrás que pagar impuestos sobre los ingresos de tu negocio. Y, lo más importante, si no sabes lo que estás haciendo podrías meterte en serios problemas cuando llegue el momento de realizar el trámite de impuestos.

Una de las principales razones por las que les pido que estén al tanto de todo es la reducción de impuestos. Ahora, repito mi declaración anterior y recuerda que no soy un contador público, así que no tomes mi palabra como un consejo fiscal. Habla con tu CPC real si tienes alguna pregunta sobre tus impuestos. De hecho, quiero que le lleves este libro a tu CPC y les preguntes si lo que digo es verdad.

Las cancelaciones de impuestos son cualquier gasto que haya incurrido en la producción de ingresos comerciales. Así que, es posible que tengas que gastar una cantidad de $10,000 pesos en suministros y equipo a fin de producir una venta valorada en $15,000. Con las cancelaciones de impuestos, no se te cobrará por los $15,000 que has ganado sino que por la cantidad de dinero que haya sobrado después de los gastos. Así que se te cobran impuestos por los $10,000 y no por los $15,000 pesos, ¡¿no es eso fantástico?!

Ese es uno de los beneficios de tener tu propio negocio.

Mientras sean gastos legítimos invertidos en la generación de ganancias, puedes sustraer los gastos de tu total de ganancias y que te cobren por lo que sea que haya sobrado.

Cuándo es necesario el cambio

. . .

Esto es lo que necesitas saber sobre tu negocio. Siempre te encontrarás en la necesidad de tomar una decisión frente al cambio. La decisión depende de ti, pero debes saber que eso tiene consecuencias.

Cambiar o no cambiar, esa es la cuestión. Pero cuando lo correcto resulte ser un cambio para mantener la relevancia de tu negocio, ¡hazlo! Esto no es equivalente a renunciar, sino que es mantenerse servicial ante los clientes. Si ellos no quieren o necesitan cierto producto que les ofreces, es momento de cambiar.

En el 2000, la cadena de renta de video DVD y VHS, tuvo que enfrentarse a una decisión. Uno de los cofundadores del servicio de streaming (muy nuevo en ese momento) se le acercó al CEO de dicha cadena de renta de video, para ofrecerle la adquisición del servicio por $50 millones de dólares.

Los ejecutivos de esta cadena simplemente ignoraron al cofundador junto con su oferta, no veían valor en esta plataforma de streaming. Dicha cadena creía que la industria de renta de DVDs nunca iba a cambiar y que siempre tendrían un lugar en el mercado.

· · ·

Para el 2015, el valor comercial de la plataforma alcanzó los $32.5 billones de dólares. Cada dormitorio escolar tenía ahora una televisión con esta aplicación instalada o al menos lo estaba en otros dispositivos. ¿Dónde está la cadena de videos ahora? Te apuesto a que no puedes encontrar siquiera un sólo edificio si buscas a la empresa en el navegador. Cada una de las tiendas está ahora cerrada.

¿Cómo es que esta cadena de video no vió esto venir?

¿Cómo es que no vieron el rápido crecimiento de internet como el punto de partida de un gran cambio? ¿Cómo es posible que el CEO haya descartado a la empresa como una empresa temporal? Si analizamos el pasado, esas son preguntas obvias que hacer. Sin embargo, nadie pensaba que el internet tuviera tanto poder como para transmitir películas o series de televisión a partir de un pequeño cable de ethernet. Para ver el futuro en una industria, debes primero abandonar tu orgullo. El ayer es historia, el mañana lo es todo. Pero para ganarlo todo, tienes que primero tener nada.

Si tienes éxito en tu propio negocio y tu industria está prosperando, piensa en todo lo que podría salir mal.

¿Qué puedes identificar en tu industria que podría ponerte en el mismo barco que a esta cadena de video? ¿Cuáles son algunas cosas que has pasado por alto que podrían conducir a lo mismo? ¿Tu éxito está cegado?

Otro ejemplo es la industria de discos de vinil. Si bien parece estar regresando a un mercado muy específico, no recuperará el éxito que tuvo hace décadas. Otra industria que parece estar siguiendo este patrón es la televisión por cable. Pronto, el tiempo pondrá a prueba a esta industria y veremos cómo se enfrenta a los cambios que Internet está trayendo al consumo audiovisual.

Si crees que eres inmune al cambio, serás el primero en sufrir las consecuencias. Que no te dejen atras. Piensa en el futuro, como si un gran cambio sucediera mañana y afectará tu negocio. Siempre habrá empresarios ambiciosos que estén dispuestos a demoler industrias enteras en nombre del progreso y el beneficio.

¿Quieres conocer los secretos para evitar un destino como el de la cadena de video? No estoy seguro de que veas esto desde una perspectiva positiva, pero no se trata de quién comete errores antes que nadie. Se trata de quien puede cambiar de manera más rápida, antes que nadie.

. . .

El cambio es necesario. Se trata de mantenerte novedoso y fresco. Al nuevo mercado no le gusta la inestabilidad en absoluto. Quieren que lo que venga después sea nuevo y puedan sentir emoción al respecto.

Esta es una de las cosas que me encantaba de uno de los magnates y empresario en la industria de la informática y sus estrategias de marketing. Sabía llevar la innovación al mercado de una manera muy elegante. Una de las empresas de teléfonos más importante en todo el mundo filtra constantemente secretos e información sobre sus nuevos productos antes de la fecha oficial de lanzamiento del producto.

Luego, este empresario quien fue dueño y CEO de esta compañía se preparaba para el evento de lanzamiento y dejaba a la audiencia satisfecha al ver todos esos secretos finalmente revelados. Se sentía como una vista previa de una película nueva realmente buena y te dabas cuenta de que la película era mejor de lo que se dijo en la vista previa que me prometieron inicialmente.

Si quieres ser un líder de la industria, prepárate para salir de tu zona de confort y encontrar nuevas formas de deleitar a tus clientes. Sé veloz, más ágil y más flexible.

Esto es algo que le hará la vida difícil a sus competidores. Mantente a la vanguardia del cambio. Adopta una mentalidad de "muestra tu futuro" en lo que respecta a tu trabajo.¿Cuál es la siguiente frontera?, ¿qué es lo que se viene?, ¿puedo convertirme en un agente del cambio?

Haciendo esto, estarás preparado para conquistar a la competencia y estar al borde de todo.

Una nota muy importante. No quiero que seas tú el que espera el cambio si tienes el poder de hacer el cambio tú mismo. Realmente es el mejor lugar. La mejor manera de evitar daños por un cambio inesperado es ser tu propio catalizador del cambio. Sé un pionero en iniciar el cambio y ayuda al resto de la industria a seguir tus pasos.

Si puedes ser la próxima plataforma de streaming, ganarás al final del día. A veces, esto es inevitable si deseas mantenerte relevante en el mercado.

No sorprende que algunas de estas empresas centenarias hayan sido destrozadas por desertores universitarios que pueden crear un excelente software y crear aplicaciones innovadoras. Como por ejemplo una de las redes sociales más importantes (la de un logo azul con una letra en el centro), una empresa que existe desde hace poco más de quince años, supera a las empresas que llevan más de cien años en el mercado. El cambio es un apalancamiento que te puede ayudar si lo aprovechas para vencer a empresas que llevan años haciendo lo mismo.

Ninguna clase de educación universitaria te enseñará a cómo anticiparse al cambio y, en ocasiones, la única forma de hacerse inmune a estos cambios desfavorables es convertirte en el líder. No seas una víctima. No reacciones al cambio. En lugar de eso, sé como esta cadena de streaming con la cadena de video. Sé el cambio.

Finalmente, ve cómo han cambiado tus clientes en comparación con cómo ha cambiado tu negocio. El cambio es inevitable y esto significa que tu base de clientes cambiará.

Mantente en contacto para que puedas identificar qué estás cambiando junto con tus clientes y cómo puedes adaptarte a estos cambios.

. . .

Si poco a poco te das cuenta de que necesitas cambiar y encontrar nuevos clientes para tu producto o servicio, identifica el motivo. Mi punto es que, esta tarea es una que no termina nunca. Nunca dejes de aprender cosas sobre tus clientes. La adaptabilidad es un aspecto muy importante cuando uno trata de mantener un negocio fresco, novedoso e interesante para el mercado.

Tu enemigo número uno

¿Quién es tu enemigo número uno? ¿Son tus competidores? ¿Los detractores? ¿Los que te odian? Pues, adivina. Ninguno de ellos es realmente tu enemigo. ¿Sabes quién sí lo es? ¡Tú mismo!. Tú eres tu peor enemigo.

Tu eres la única persona responsable en tu negocio. Ni tus amigos, ni los detractores, ni tu familia, ni tu producto o servicio, eres tú. Si tu producto o servicio no se vende bien, retrocede y piensa en lo que estás haciendo. Si culpas a alguien que no seas tú mismo, nunca podrás mejorar. Tienes que entender que eres la única persona que puede cambiar tu negocio y mejorar la experiencia del cliente.

. . .

Tu enemigo realmente puede presentarse de varias maneras, fuera de la irresponsabilidad por supuesto. Así que aquí te presento el top 4 de los némesis de los que debes proteger tu negocio, producto o servicio:

La Complacencia

La satisfacción es, en última instancia, lo que mata a las mejores empresas. Esto hace que las empresas se sientan tan cómodas que crea la idea errónea de que son inmunes a cualquier complejidad. De hecho, ninguna empresa es completamente inmune a los desastres. ¿Recuerdas lo que sucedió con la crisis financiera del 2008? Si no estás familiarizado con ello, en el 2008 muchas empresas sufrieron grandes pérdidas, en especial aquellas que se habían confiado de una falsa sensación de seguridad.

No te pongas en la mentalidad de mirar hacia atrás y pensar: "¡Vaya! ¡Mirenme! Ni siquiera tengo que volver al trabajo". Esto es un error. Quiero que imaginen que existen organizaciones dedicadas a destruir negocios. ¿Recuerdas la ley de Newton? A medida que enfocas tus esfuerzos en lograr resultados positivos, también encontrarás resistencia.

· · ·

El hecho de que tu negocio venda aquí y allá no significa que sea a prueba de balas.

Esto no significa que no pueda convertirse en una cosa del pasado en un abrir y cerrar de ojos. Sigue mejorando como empresario, tu negocio, tus productos y tus servicios.

La Irresponsabilidad

Otra arma letal para tu negocio. Es fácil culpar al mundo cuando las cosas no salen según lo planeado. Si este es tu sesgo, deshazte de él. Esfuérzate por cambiar y deja espacio para la reflexión. No te culpes por quejarte, conviértelo en algo positivo. Sé que algunas personas tienden a irritarse cuando las cosas no salen como quieren, pero debes controlar tus emociones y respirar profundamente.

He aquí un consejo de acción. Cuando sea que experimentes un desliz o algo similar, quiero que comiences a experimentar sobre cosas que puedas mejorar. Juega con las posibilidades. Diviértete. No te canses tratando de tener éxito todo el tiempo. Ten una actitud positiva.

Llegados a este punto, espero que te rodees de personas con buenas actitudes que te guíen por el camino correcto. Ve con estas personas y pídeles ayuda y algún consejo.

Esto es ser responsable. No tiene nada de malo buscar ayuda. Todo ser humano tiene sus defectos.

La mente cerrada

Este es quizás el enemigo más común con el que tendrás que lidiar. Ahora quiero trazar una línea muy clara entre enfocar y vivir una vida cerrada. A veces, esos dos pueden cruzar fronteras e imitarse entre sí.

El enfoque es cuando tienes claridad y confianza sobre el camino en el que te encuentras. Sin embargo, también estás dispuesto a ver el otro lado y su lógica. La intimidad es segura, pero ni siquiera estás listo para mirar hacia otro lado. He aquí un buen ejemplo. Mientras ejecutaba mi primer trabajo, me pidieron que participara en muchas oportunidades comerciales, incluido el marketing multinivel, las franquicias y más. Al principio, estaba muy cerrado cuando tenía estas oportunidades. Rechacé por completo cualquier propuesta sin haber oído hablar de ella. Estaba tan persistente en seguir mi camino que nada podía alterar mis acciones.

Es bueno que estés en tu camino y estés seguro de ello, pero no dejes que tu convicción te impida escuchar y educarte sobre las oportunidades que hay ahí afuera.

En algún lugar a lo largo de la línea, comencé a preguntarme qué podría haber afuera.

Siempre fui una persona curiosa, pero en algún momento de mi vida me obligué a cerrarme a algo diferente o nuevo.

A través del crecimiento personal y la paciencia, me he vuelto más abierto a cosas nuevas y diferentes. Estoy más abierto al cambio.

Así que mantente abierto a cosas nuevas. Pero nunca cambie su visión y valores personales. Si hay algo nuevo que mejora tu visión, ¡asegúrate de averiguar más al respecto! Si obstaculiza tu visión, rechazado cortésmente. Sé un guardián de tu visión.

. . .

La realidad distorsionada

Es muy peligroso. Incluso a veces, yo mismo caigo presa de este nemesis. La realidad distorsionada proporciona una falsa sensación de seguridad. Viene del orgullo y la complacencia. Esto sucede a menudo con las mejores empresas con un buen historial. Pero aquí está el punto débil. Cuando un negocio comienza a tener éxito, también comienza a decaer.

¿Por qué pasa esto? Bueno, resulta que tus éxitos pasados no determinarán tus éxitos futuros. Tienes que esforzarte constantemente para seguir subiendo.

Sé tu propio competidor

Supervise siempre la calidad de los servicios y productos ofrecidos por tu empresa. Una de las cosas que quieres aprender es examinar tu forma de pensar y desafiar el status quo. Recuerda que la complacencia es tu peor enemigo. No puedes crecer si siempre mantienes esta mentalidad.

. . .

Para ser tu propio competidor, quiero que planees una estrategia para desmantelar tu propio negocio. Imagina que eres realmente tu propio enemigo. Descubre las debilidades de tu empresa y prueba tus límites. Te darás cuenta de que todavía habrá áreas que aún necesitan trabajo y podrás mejorarlas con una nueva perspectiva.

Este es un tema que se aplica a todos de manera diferente. Todos tienen una percepción diferente de sí mismos y los invito a todos a embarcarse en esta aventura introspectiva. No puedo enseñarte a jugar solo, solo tú puedes. Por supuesto, es importante hablar con los demás sobre quién eres, cómo te ves a ti mismo y cómo te ven ellos, pero en última instancia depende de ti considerar sus opiniones.

Quizá en algún punto de mi vida me enseñé a mí mismo la introspección. Hasta que ese momento llegue a ti, te invito a la posibilidad de que te imagines lo que significa ser introspectivo.

¡Cuida tus palabras!

. . .

¿Puedo preguntar qué tipo de teléfono estás usando? ¿Cuáles son las probabilidades de poseer cualquier tipo de teléfono inteligente? ¿Es un dispositivo con sistema operativo IOS o Android? De cualquier manera, definitivamente no te encantaría la idea de volver a uno de esos teléfonos plegables o ladrillos que la gente tenía en los años 80, ¿verdad? Es una buena manera para que las personas actualicen sus teléfonos celulares con algún tipo de nuevo avance tecnológico que despierte su interés.

Pero, ¿alguna vez te has preguntado por qué la gente no actualiza la tecnología en su forma de hablar o decir las cosas? Algunas personas todavía hablan como si fueran estudiantes. Mismo vocabulario y todo. Lo que sí sucede es que ninguno de ellos sigue usando el mismo teléfono de aquel entonces.

¡Es tiempo de actualizar la manera en la que hablamos! Actualizar nuestro vocabulario porque, al final del día, lo que dices se convierte en tu realidad.

Siempre escucho a la gente quejándose de sus vidas. Pueden decir: "¡Esto no funciona! ¡Mi trabajo es malo! ¡No puedo hacer esto!" Pero ninguna de estas declaraciones te ayudará a encontrar soluciones a tus desafíos.

Y, por cierto, te darás cuenta que no dije "problemas".

En su lugar, dije "desafíos" porque a fin de cuentas eso es lo que son. Los problemas son situaciones o dilemas que puedes enfrentar sólo pasivamente. Los desafíos son oportunidades que tienes que enfrentar de frente y tienes que resolverlos.

Dos palabras que parecieran ser sinónimas pero que cargan un significado mucho más complejo y completamente distinto entre ellas.

Si tiendes a quejarte mucho, quiero que pares. Quejarse es una droga que no solo te quita la creatividad, sino que también te convierte en una víctima. Las víctimas no tienen ningún negocio exitoso. Las víctimas no tienen ningún efecto en el mundo. Las víctimas no son responsables de sus acciones. Son simplemente testigos pasivos de sus vidas.

Cada vez que te quejas de algo, te conviertes en una víctima y dejas tu responsabilidad al resto del mundo. Y cuando llegue el momento del éxito, estas víctimas querrán quedarse todo el crédito.

Si quieres asumir la responsabilidad de tus victorias, hazte responsable de tus fracasos.

Todo comienza con el lema "Me responsabilizaré de todos mis resultados". ¿Sabes lo poderoso que es? Cuando decidas que ya no serás una víctima, el mundo te dará su poder. Cuando finalmente decidas que eres completamente responsable de tu vida y tu trabajo, te encontrarás bajo ataque en este juego llamado vida.

Con el lenguaje que usas, creas o destruyes tus habilidades. Por cierto, cualquier cosa puede pasar. Todo lo que necesitas es crearlo con tus palabras y luego poner en práctica lo que dices.

El poder de las palabras está más allá de nuestro entendimiento, pero es importante mencionarlas porque las palabras que dices afectan tu vida y tu trabajo. Lo que le digas a la gente se hará realidad de una forma u otra. Si maldices a alguien, estás creando esa maldición en la vida de esa persona. Es por eso que nunca le deseo el mal a nadie. En el calor del momento puedes gritar "te odio". Ahí, lo que creas es el odio mismo. Y la palabra "odio" se encarnará en tu vida, en ti, y ahora se hará realidad.

Todo el mundo tiene la capacidad de ser creativo con las palabras. Y el poder siempre se puede crear con palabras.

Un pastor y activista estadounidense de la Iglesia bautista que desarrolló una labor crucial en Estados Unidos al frente del movimiento por los derechos civiles para los afroestadounidenses creía en el poder de sus palabras cuando dijo en su discurso: "Tengo un sueño". Con estas cuatro palabras y las siguientes, Martín mostró su fuerza y la gente respondió. Hizo realidad su sueño, creó posibilidades e invitó a la gente a participar de dicha posibilidad.

Así que, mientras tengas el poder de la palabra, que siempre has tenido a tu alcance, ve y desea el bien del mundo. Sé la fuente de felicidad y alegrías en la vida de otras personas.

2

El Por Qué

APRENDÍ una lección sobre la perseverancia por parte de mis padres. Como familia inmigrante, se nos presentaron muchos desafíos. No solo las complicaciones económicas sino también las barreras del idioma también pudieron haber sido las excusas perfectas para vivir la vida promedio y cómoda que viene con el promedio. Sin embargo, yo sabía que si quería ser algo en la vida, debía tener un propósito mayor, que es estar conmigo a través de todas las dificultades y desafíos. He aplicado la misma filosofía a todas las empresas que he creado.

En este capítulo, te daremos una misión si aún no lo has hecho. Si tienes una misión bien entrenada y pulida, ¡no te saltes esta clase! Convertiremos tu misión en algo más allá de la riqueza o la ganancia financiera. Tu misión será algo mucho más grande que tú. Esta búsqueda tendrá una conexión emocional más fuerte contigo; más que dinero, fama, amistad o comodidad.

El dinero es importante, pero no será tan importante como lo será tu visión y tu misión.

La sangre y el combustible

La mayoría de los economistas y consultores de negocios dicen que el dinero es el alma y el combustible de los negocios. Estoy en desacuerdo. Creo que tu visión y tu mensaje son mucho más importantes. Cuando se acabe el dinero, ¿se acabará el trabajo? No si tienes una visión lo suficientemente fuerte como para seguir adelante. Si tienes una razón para seguir adelante, lo harás. Es el verdadero sustento y el combustible comercial. No me importa lo que digan los demás. En el centro de todo, su visión y misión son lo que mantiene su negocio en marcha y creciendo.

Quiero que trates a tu "*porqué*" como la cosa más maravillosa y preciada del planeta. Protégela y estate dispuesto a hacer sacrificios a su favor.

· · ·

Eligiendo tu "porqué"

Sé más realista. Ahora, espero que para este punto entiendas tu "por qué", tu misión, es muy importante para tu negocio. Aquí hay otra tarea para ti. Quiero que tomes un cuaderno y empieces a escribir sobre lo que más valoras. Deshazte de todo lo relacionado con el dinero o las posesiones materiales. El dinero es importante, pero lo abordaremos más adelante.

Piensa a largo plazo

Llegará un momento en el futuro cercano en el que querrás dejarlo todo. ¿Sabes la diferencia entre una palmera y un pino? Uno de ellos pueden soportar condiciones climáticas adversas y prosperar a pesar de los cambios a su alrededor. ¿El otro? Bueno, puedes apostar que ese perecerá al momento que el clima de un pequeño cambio. Para aquellos no familiarizados con los árboles, podemos decir que los pinos resisten cambios extremos de clima. Y cuando digo extremos, me refiero al frío.

La razón por la que los pinos son más fuertes y duraderos que las palmeras es porque se adaptan a las estaciones del año. Es un árbol tan fuerte y confiable que su madera se usa como material principal en muchas construcciones por sobre palmeras.

Escribo este capítulo no porque necesite completar algunas páginas más, sino porque este "porqué" te ayudará a sentar una base sólida para tu negocio, haciéndolo más resistente frente a los cambios.

Cambios repentinos de clima, dificultades, situaciones y el entorno general del mundo del emprendimiento. Puedo decir con confianza que el "porqué" será la diferencia entre perseverar y renunciar prematuramente a tu trabajo. Por eso es el segundo capítulo más importante de este libro.

Sí, querrás dejarlo todo y renunciar. Pero esto es lo que puedo prometerte. El dolor y los desafíos son inevitables, especialmente si estás comprometido a hacer un cambio importante en tu vida. La ley de Newton indica que un objeto en movimiento se quedará estático hasta que sea perturbado por una fuerza externa. Sin embargo, la parte importante de la teoría de Newton radica en la tercera ley que nos dice que a toda acción se opone siempre una reacción igual. ¿Qué significa esto? Esto significa que cada vez que cambies de rumbo o des pasos hacia el éxito, la fuerza proporcional estará en tu contra.

Mientras actúes y completes cada desafío, habrá una cantidad igual de resistencia a lo que estás haciendo. Para romper esta resistencia, debes crear un impulso contra ella. ¿Recuerdas nuestros hábitos del Capítulo 1? Es por eso es tan importante acostumbrarte a ser hermético. Para romper el círculo vicioso del éxito y el fracaso, necesitamos motivar tus acciones para que tomen más peso frente a esta resistencia.

Tu visión pieza por pieza

Para interrumpir tu visión, necesitamos aplicar ingeniería inversa a tu visión final. Imagínate tu visión como una pieza de electrónica de alta tecnología que estamos a punto de desmontar para que se pueda comprender la profundidad y la estructura de la misma. Si eres una persona visual, pinta una imagen de cómo será tu futuro para ti.

Recuerdo que cuando comencé, saqué un bloc de notas y dibujé cómo se vería mi futura oficina. Dibujé un plano de dónde iba a estar mi oficina. Dibujé un enorme vestíbulo, ascensores, departamentos y un centro recreativo para mi empresa. Esto fue parte de mi proceso de construcción de mi visión. Dibujé cómo se veía mi casa dentro de 10 y 20 años. Hice esto para poder hacer que mi visión fuera mucho más real. Entrené mi cerebro a usar todo su poder creativo e imaginación para encontrar la manera de lograr los resultados que quería. Tu cerebro no puede distinguir entre lo que realmente sucedió y lo que inventaste en tu cabeza para ser extremadamente vívido.

Ahora bien, es igualmente importante visualizar tu vida desde el primer momento en que imaginas tu idea de negocio. Para ello, debes prepararte para el futuro y hacerte una serie de preguntas que eventualmente pueden ayudarte a definir tus objetivos comerciales.

1. ¿Cómo se verá tu vida en 5 años? ¿Qué harás con tu negocio? ¿Quién será tu cliente? ¿Cómo lucirá tu oficina? ¿Quién estará contigo? ¿Cuánto está ganando tu negocio?
2. ¿Qué sucederá en 10 años?
3. ¿En 20 años?
4. ¿Y en 30 años?

¿Qué es lo que observas en esos periodos de tiempo? ¿En qué te habrás convertido para ese entonces? ¿Cómo es que te comunicas, con pasión o emoción? ¿Estás emocionado? ¿Abrumado?

Toma en cuenta cada detalle. Piensa en el futuro sin límites. No te conformes con un negocio pequeño en una oficina pequeña después de veinte años en el mercado. Quiero que te imagines en una gran oficina en un gran complejo o incluso en un rascacielos. No te limites y usa tu imaginación para describir cada detalle de tu visión.

No olvides incluir tu vida personal en dicha visión. ¿Cómo será tu pareja de vida? ¿Contribuye acaso a tu vida y a tu negocio? ¿Cómo se verá tu familia?

Pensar profundamente

Analicemos tu "porqué" antes de que puedas dar forma a tu visión. Para hacer esto, necesitamos preguntarnos qué te hace pensar más allá de tu propia mente.

Es entonces cuando nos encontramos algo a lo que llamaremos el 'yo superior'. Tu 'Yo Superior' es como tu yo futuro. Imagina por un momento que ahora eres una versión de veinte años de tu yo actual. Eres más sabio, más experimentado y ahora estás lleno de conocimiento sobre cómo tener éxito.

Imagina a tu yo futuro parado frente a ti. Puedes preguntar todo lo que quieras acerca de cómo conseguir el éxito. Escribe todas tus dudas, ¡esto es lo más importante! ¡No te vayas a saltar este paso!

Ahora, la razón por la cual te estoy poniendo estas tareas es porque son elementos fundamentales para la construcción de tu visión.

Cree en ti mismo

Tu voz interior puede haber causado daño a tu vida al no permitirte creer en ti mismo. Con el tiempo, terminamos hiriendo sentimientos o haciendo cosas que nos hacen dudar de nuestras mentes. Sin embargo, no nos damos cuenta de que somos nosotros los que creamos esas dudas y que somos nosotros quienes terminamos por desconfiar en nosotros mismos, no las circunstancias. Las cosas que suceden son sólo eso, cosas que suceden.

· · ·

Para muchos de nosotros, se nos presenta una situación y creamos dudas que luego nos previenen alcanzar nuestro máximo potencial.

Así que finalmente les presento cómo podemos deshacernos de la duda y lograr una fe sin límites. Esto comienza por hacer lo que dijiste que harías. Comienza con establecer expectativas para ti mismo, ¿no? Cuando establezcas las expectativas para ti mismo, quiero que las establezcas mucho más altas de lo que normalmente harías. No los pongas donde los pusiste antes, no te ayudará a desarrollar tu potencial de confianza.

No importa lo que tu voz interior diga sobre ti, eso no es lo que eres. Eres una criatura maravillosa diseñada para hacer grandes cosas en este mundo. No hay nadie más hábil y talentoso que tú. Entonces, ¿el mundo admira tu talento y cree en él? Llévatelos y compártelos con el mundo.

Ten fe

Ciertamente, una de las creencias más subestimadas que poseemos los seres humanos es la Fe. Esta no es nada más que mera esperanza. Es decir que un paso más allá de esta.

Cuando tienes fe, estás seguro de que las cosas saldrán de cierta manera.

Incluso si no ves resultados inmediatos y no parece haber evidencia de tu éxito, la fe te permite mirar más allá de tu situación actual y revelar lo que sucederá.

Como mencioné antes, debes declarar todas las cosas en las que crees. Para que tu fe se haga realidad, debes declararla con tus palabras. Y con tus palabras debes honrarlo y comprometerte. La confianza es algo poderoso, no la subestimes. Te puede llevar muy lejos.

3

El Qué

Bueno, creo que este capítulo definitivamente será el más fácil y el más difícil de revisar al mismo tiempo. En este apartado hablaremos de lo que pretendes vender o el servicio que quieres ofrecer al público. Si bien es posible que ya tengas una idea, te ayudaré a definir dicho producto o servicio para que sea lo suficientemente discreto y refinado para que a los clientes les encante tu trabajo. Si ya tienes una idea de lo que deseas comenzar, permíteme ver cómo puedes usar este increíble cerebro que necesitas para racionalizar las soluciones o el servicio de mejora de productos.

De igual forma, hablaremos de la idea de "excelencia". Te sugiero que grabes esta palabra en tu mente, que te obsesiones con ella. La excelencia en cada pequeño detalle debe ser aplicado para influenciar directamente a tu producto o servicio.

Por ejemplo, decidí empezar este capítulo con una cita del empresario del que estábamos hablando hace unos párrafos atrás por una razón muy importante: Él era maravilloso cuando se trataba de estar obsesionado con la excelencia.

Su producto era de tan alta calidad y nitidez que se vendieron más de 450 millones de celulares a clientes del mercado de productos electrónicos. ¡Eso es más que la población entera de los Estados Unidos! ¡Eso es una locura!

¿Te imaginas que tu producto o servicio se venda tantas veces?

Puede pasar fácilmente por alto el hecho de que este producto es un excelente dispositivo móvil, pero si estudias la filosofía de la empresa y la visión de este empresario detrás del dispositivo, hay un proceso muy meticuloso y detallado para lograrlo.

. . .

En este capítulo, usaremos una filosofía similar para lograr lo que él llamaría productos "increíblemente asombrosos" para tu negocio.

Define tu producto o servicio

Si ya tienes una idea para tu producto o servicio, escríbela en tu computadora o en una laptop. Haz una lista de todas las cosas que puedes hacer por tus clientes. Nunca pierdas de vista un beneficio que tus clientes disfrutarán. No me importa si te parece pequeño o pequeño, ¡solo escríbelo!

Ahora, esto es muy importante cuando se trata del último capítulo. Todos los beneficios estarán agrupados en categorías que te ayudarán más adelante a la hora de vender tu producto o servicio a un cliente. También ayuda con lo que me gusta llamar "hacer bucle" en el proceso de ventas.

Déjame mostrarte lo que quiero decir.

. . .

Sé que esto es algo obvio, pero quiero destacar tus productos y servicios en este momento y darte la oportunidad de pensar realmente en lo que tu producto o servicio puede hacer por tu cliente.

¿Es diferente?

¿Qué distingue a tu producto o servicio del resto de tus competidores? ¿Por qué tu producto o servicio tiene un propósito?

Necesitas saber las respuestas a estas preguntas porque, de lo contrario, tus clientes no tendrán motivos para comprarte.

No tiene que ser nada especial. De hecho, la diferencia entre tú y tu oponente podría ser: ¡TÚ!

Si vendes alimentos u otra categoría de productos que no es exclusiva, aquí te mostramos cómo diferenciarte entre tu y tu negocio de la competencia. Sobre todo si tu competidor es una gran empresa o cadena que lleva décadas en el mercado. Quizás tu mayor desventaja es la falta de relaciones personales y contactos con tus clientes, ¿sigue siendo cierto? No, pero es posible que las grandes empresas descuiden capacitar a sus empleados para que traten a la empresa como si fuera propia.

Las grandes tiendas carecen de esta capacidad de relacionarse personalmente con los clientes. Los gerentes a menudo castigan a los empleados que son excesivamente personales o se relacionan demasiado con la gente. Estoy totalmente en desacuerdo con esta filosofía. Las interacciones entre los clientes y empleados de una empresa, o incluso con el mismo gerente de la empresa, crean una sensación de confianza y cercanía que las grandes empresas no pueden replicar como pequeñas empresas.

No hay grandes secretos cuando se trata de administrar un negocio exitoso. Si a la gente le gustas tú y tu producto, definitivamente lo comprarán. Hablaré más sobre eso en el último capítulo, pero para darle una idea de cómo comenzar a dar forma a su negocio hoy, simplemente sé tú mismo. Haz de cada interacción con tu cliente una experiencia gratificante, divertida y placentera. Prepárate para entablar amistad con tus clientes y te garantizo que obtendrás una buena recompensa. Dales otra razón para regresar, que no sea tu producto o servicio.

¿Es simple?

El mismo empresario de hace rato fue un firme defensor de la sencillez y el diseño. Para entender cómo la gente usa sus productos, él se dio cuenta de que tenía que ser simple y fácil de usar. Mientras que otros fabricantes de teléfonos celulares fabricaban teléfonos con muchos botones e íconos, él quería algo simple. Esta es la razón por la que solo hay un botón en la superficie de este teléfono. Fue este diseño el que lo convirtió en el teléfono más vendido en los Estados Unidos. Un teléfono para cualquiera que quiera usarlo.

Quiero que apliques la misma mentalidad a tu servicio o producto. Debes poder reducir el tiempo y el esfuerzo que tus clientes dedican al uso de tu producto o servicio. Hazlo simple, fácil y paso a paso.

Creando valor

. . .

Un error común que cometen las personas cuando se trata de la creación de valor es que automáticamente piensan en características y precios. Este es un mito y error común que cometen la mayoría de los principiantes y es completamente comprensible.

En todo motivo hay una necesidad básica que debe ser satisfecha con una solución o un resultado. ¿Has oído hablar de la jerarquía de necesidades de Maslow? Esta es la comprensión básica de lo que la gente realmente necesita en cada negocio o estilo. Si te compran algo, ya sea un producto o un servicio, su motivación se alinea con una de las necesidades de las que habla Maslow en su jerarquía de necesidades.

La jerarquía de necesidades de Maslow

Si alguien está buscando comprar tu casa, obviamente está buscando satisfacer sus necesidades psicológicas y de seguridad. Sin un lugar seguro para vivir, la salud y la felicidad de tus clientes está en riesgo. Quizás la verdadera necesidad del cliente es amor y aceptación, y quizás esté comprando una casa para recomendarla a sus amigos. Solo lo sabremos si descubrimos su necesidad. Aquí hay una comprensión básica de lo que realmente es el arte de vender.

No tienes que ser insistente o descuidado para que los clientes compren. Como mencioné, te daré los detalles en el último capítulo.

Pero antes de continuar, debes comprender cómo encaja tu producto o servicio dentro de la jerarquía de necesidades de Maslow. A veces no es una cuestión de precio o incluso de funcionalidad. Pero saber por qué las personas toman las decisiones te ayudará a reducir tu producto al mercado específico al que te diriges.

Construir un historial

Ahora, esto es muy importante si deseas crear un impulso positivo para tu negocio. Le doy mucho crédito a mi historial cuando se trata de ganar credibilidad y la confianza de mis futuros clientes. Si no construyes un historial lo suficientemente sólido para tu negocio, te será difícil mantener el ritmo y, por lo tanto, siempre afectará el resultado que esperas lograr para que tu negocio se considere exitoso.

. . .

Guardaré el "cómo" crear un balance general para tu negocio para el capítulo final de este libro, pero quiero que te entusiasmes con él. Quiero que imagines que cada pequeña parte de tu producto o servicio deja una huella. Estas señales pueden afectar o beneficiar tu negocio dependiendo de la calidad de tus productos o servicios.

No hay presión, pero debes asegurarte de que tu producto o servicio sea de alta calidad y refleje tu identidad.

Hoy en día, todo el mundo tiene Internet. Las empresas emergentes suelen ser locales y no han llegado a mercados distantes durante muchos años. Con la llegada de las redes sociales y la presencia de un mercado en línea, no podemos ignorar el hecho de que tu negocio puede crecer fácil y rápidamente. Esto también tiene consecuencias negativas. Si bien tus clientes pueden elogiarte y darte críticas positivas, también pueden hacer lo contrario. De hecho, las críticas negativas se difunden más rápido que las críticas positivas. Es parte de la natu-raleza humana.

Tenga en cuenta que tu producto o servicio es el mejor y construya sobre esta idea. Protege tu historial porque una vez que juegas mal es difícil recuperarlo pero no imposible.

. . .

Hoy en día, es casi imposible tener bancos dispuestos a prestar a una empresa. Especialmente si no hay evidencia de los antecedentes. Ahora, sinceramente, pedir un préstamo solo para iniciar un negocio es una muy mala idea, ¡no lo recomiendo en absoluto! A menos que sepas el hecho de que existe un sistema probado de apoyo comercial basado en la creencia de que las ventas se pueden realizar invirtiendo en una pieza de equipo o en un activo tangible, yo diría que siga adelante con el préstamo. Es mejor si compras una franquicia ya que estás ahí.

Así que, he aquí cómo puedes atraer dinero a tu idea emprendedora ¡Especialmente si es única y propia!

Crea un historial personal

Crear tu propia historia no es tan complicado como mucha gente piensa. Todo el mundo tiene un talento o una habilidad que puede conducir a resultados orgánicos. Comienza poco a poco y construye tu reputación hasta que sea lo suficientemente fuerte como para inspirar confianza en lo que haces.

. . .

Primero, construye un historial personal que indique que eres una persona segura y de confianza. Da a conocer que posees integridad y eres honesto con quien eres. Si no puedes ser honesto o responsable en tu día a día, ¿cómo podrás serlo en relación a tu negocio y en cómo manejas tus finanzas?, ¿quién pondría su confianza en ti para realizar una inversión? Sé la persona en quien se pueda confiar.

En segundo lugar, sé capaz de mostrar tu habilidad. Si soñaste que abriste una panadería, considérate una persona con talento para hornear pan y pasteles. Deja que tus vecinos, amigos, familiares o incluso compañeros de trabajo den fe de lo bien que lo está haciendo. La pasión por la tipografía no depende de tu habilidad o competencia.

Tercero, contribuye y da. No importa lo que hagas, mantén un corazón digno de un dador verdaderamente incondicional. Utiliza tus talentos y habilidades para crear algo que beneficie a tu comunidad inmediata o círculo de influencia.

De esta forma ganarás la confianza de la gente rápidamente.

. . .

Nadie quiere invertir en alguien que es egoísta y reservado.

Tienes que estar abierto y dispuesto a participar.

Convierte tu historial personal en inversiones

Hoy, la plata es la principal moneda del mundo, pero no es la única. De hecho, hay cuatro formas diferentes de dinero, a saber, dinero, tiempo, conocimiento y relaciones. Piensa en las inversiones en efectivo como un voto de confianza en tu capacidad para administrar tus conocimientos y relaciones para generar más dinero. La persona que quiera invertir en tu negocio necesitará saber que tú eres quien puede tomar ese dinero y convertirlo en más dinero.

Comprenderás que este intercambio de inversiones solo es posible si existe la confianza.

La confianza se puede generar en tres pasos al crear tu historial.

. . .

Sé realista. Aquí hay cuatro formas de atraer inversores potenciales a tu negocio. Recuerda que los inversores siempre pueden ser tu socio o tú puedes ser su socio. Si tienes la suerte de tener un socio que también tiene suficiente capital para ayudarte con tu negocio, ¡está más que listo!

1. **Crea un sistema para tus inversiones**

Hazlo sencillo para ellos. Si son inversionistas profesionales y ya están involucrados en otros negocios, facilíteles que lo conozcan a ti y a tu negocio. Mi recomendación es que hagas un vídeo de 15-30 minutos en el que hables de tu trabajo. Tus inversores querrán saber: ¿En cuánto tiempo puedo recuperar mi inversión? ¿Cómo romper el empate?

¿Qué obtengo por mi inversión? ¿Qué cantidad de acciones te gustaría darme en tu negocio? ¿Invierto en ello? ¿Por qué tú y no los otros? ¿Puedo confiar en ti?

Tus inversores te harán miles de preguntas y tu trabajo es responder a la mayoría de ellas. De igual manera, sería bueno que ocuparas este espacio para desplegar tus conocimientos, habilidades, talentos y demás.

. . .

¡Depende de ti practicar las habilidades de venta que has aprendido en esta clase!

Después del video, programa una llamada de 30 minutos para consulta con los inversores. Pídeles que te hagan preguntas más específicas y personalizadas de tu situación.

Aquí es donde puedes invitarlos a tu plan de negocios o incluso mostrar lo que puedes hacer. Además, asegúrate de pedir comentarios sobre tu primer video. Si deciden no invertir en ti, pregúntales cómo puedes mejorar.

2. **Conoce y entiende tu fuente**

A pesar de la presencia de inversores profesionales y capitalistas de riesgo, muchas empresas olvidan pensar en el hecho de que muchas personas pueden invertir en su nuevo negocio utilizando sus cuentas de jubilación. Probablemente no lo sabías, ¿verdad? Bueno, resulta ser cierto. De hecho, es el método principal que utilizo para obtener capital para transacciones de inversión inmobiliaria. Pero antes de intentar hacer esto en tu empresa, primero debes consultar a un abogado competente para que te guíe por este camino para que no se arriesgue a infringir las reglas por la Comisión de Bolsa y Valores (SEC). La Comisión de Bolsa y Valores (SEC) regula las transacciones de inversión y ventas de seguros (acciones) junto con el Servicio de Impuestos Internos o el IRS.

Si conoces a un familiar (que no sea tu madre, padre, hijo o hija), amigo o familiar que tenga una cuenta de jubilación, puede invertir en tu negocio como una inversión privada. La razón por la que no recomendaría hacer esto a tus padres o hijos es porque es ilegal. No hay manera de evitar esta regla.

No existe ningún problema si se trata de tus tíos, tus hermanos o cualquier otro familiar que no forme parte de tu línea sanguínea vertical. ¡No trates de jugar con esta ley!

Quedas advertido.

De hecho, en realidad es una estrategia poderosa porque una vez que comienza a obtener ganancias, debes compartirlas con tu cuenta de jubilación como si fueran ganancias. Además, tu parte de la ganancia tiene impuestos diferidos porque es parte de una cuenta de jubilación.

Para que esto funcione, los inversores deberán convertir sus fondos de jubilación en un plan de jubilación verdaderamente autodirigido. Luego deberá investigar más para averiguar qué fideicomisarios de cuentas de jubilación permitirán que sus inversores compren capital privado. Un regulador notable es Midland IRA. Es conocido por su capacidad para gestionar compras de capital privado mediante un plan de pensiones autodirigido.

Si tu inversor cree que puedes lograr exitosamente un lanzamiento y operar un negocio, él o ella podrá comprar parte de tu compañía o financiar tu negocio haciendo uso de dicho plan autodirigido de retiro.

3. **La recaudación de fondos y los inversores angelicales**

Esta es una nueva generación de inversión y captación de capital para tu negocio. La recaudación de fondos no existía antes de 2008, pero ahora es una forma popular de juntar dinero para proyectos, causas especiales, donaciones, organizaciones benéficas e incluso empresas. Para que la recaudación de fondos tenga éxito, primero debes comenzar con una historia sólida e impactante sobre por qué tu negocio es importante. La historia debe ser entretenida, interesante, fascinante, divertida, interesante e incluso inspiradora.

4. **Crédito comercial**

Ahora, ese es un tema que cubriremos en este capítulo.

El concepto de crédito comercial es relativamente nuevo y ha atraído la atención de muchos propietarios de pequeñas empresas. A diferencia del crédito personal, el crédito comercial se crea y mantiene de manera diferente a como la mayoría de la gente imagina.

Cuando tienes un buen crédito para tu negocio, puedes convertirte en acreedor y las líneas de crédito a menudo te brindan un presupuesto para iniciar un negocio.

Sin embargo, lleva entre 3 y 6 meses establecer un buen crédito comercial y esto se considera deuda. No soy fanático de las deudas para iniciar un negocio, pero aquí hay una forma de hacerlo. Aprendí por las malas que usar esta estrategia no es una buena idea.

. . .

Cuando se trata de cerrar transacciones de bienes raíces, considero usar prestamistas y líneas de crédito opcionales.

Mi forma favorita de financiar un negocio es usar el dinero de otras personas. Una es usar dinero de una cuenta de jubilación. Ahora bien, esto no significa aprovecharse del dinero de la gente. En realidad, sin embargo, los apoyaremos, porque si puedes generar más dinero para ellos, ¿por qué no invertir en ti?

Así que, ¿cómo es que creamos un crédito comercial?

Bueno, primero necesitas seguir algunos pasos cruciales antes de siquiera pensar en construir uno.

Primero, necesita incorporar su negocio. Ya sea una S.A de C.V, S.A.B. de C.V. o incluso una Sociedad Cooperativa o Sociedad Comanditaria. No olvides hablar con un abogado sobre esto.

. . .

Luego obtén un sitio web dedicado y una línea telefónica dedicada a tu negocio. Una vez que lo tengas, registra tu empresa. Esto es importante porque sus acreedores verificarán si tu negocio es legítimo. El último paso es obtener su número DUNS.

El número DUNS es proporcionado por Dun y Bradstreet.

Trátalo como un número de seguridad social para el crédito de tu negocio. Puedes obtener el número DUNS gratis si ingresas a dandb.com. ¡No tienes que pagar nada! Dun y Bradstreet son conocidos por cobrar a negocios por sus números gratuitos.

Una vez que tenga estos conceptos básicos en su lugar, puede comenzar a crear una cuenta Net 30 abierta con otras compañías y distribuidores. Son cuentas de crédito donde debes pagar tus compras en un plazo de treinta días. Después del plazo de treinta días se considera un atraso y esto puede afectar negativamente a tu negocio y al crédito de este. He aquí la parte que no te gustará. Quizá tengas que comprar cosas que consideres exageradamente costosas.

Puedes conseguir estas cuentas de cambio Net 30 de

variadas empresas. Deberás comunicarte con ellos por teléfono o completar una solicitud en su sitio web Net 30 para comenzar. Por lo general, lo aprueban de inmediato o dentro de dos o tres días hábiles. A veces te preguntan si tienes un sitio web y una línea telefónica dedicada a tu negocio. Por eso te recomiendo que empieces a tomarlos.

Si buscas en internet "cuentas de cambio Net 30", podrás encontrar empresas que ofrecen términos de pago Net 30.

Es igual de importante preguntar si esas empresas reportan a Dun y Bradstreet o alguna otra oficina de crédito.

Control de calidad

La calidad es un tema del que muchas empresas, grandes y pequeñas, han estado hablando durante décadas. Quiero que recuerdes al que fue un ingeniero, consultor administrativo y estadístico a quien se le ocurrió por primera vez la idea del control de calidad a principios de la década de 1950.

. . .

Después de la Segunda Guerra Mundial, Japón perdió su infraestructura crítica para producir bienes y servicios que se enviarían al resto del mundo.

Se le pidió a este ingeniero que ayudara al ejército estadounidense en los esfuerzos del censo de Japón.

Su trabajo lo llevó a formar parte de un grupo de científicos japoneses que aportaron a los conocimientos de Deming en control de calidad. Gracias a su contribución, Japón se convirtió más tarde en uno de los principales fabricantes de productos electrónicos del mundo, derrocando a las empresas estadounidenses de los mismos productos.

Esto no sucedió en la década de 1950 y el público sintió que los productos japoneses carecían de calidad y confiabilidad. Él demostró que estaban equivocados. Con un conocimiento básico de la práctica y la política, pudo transformar la economía japonesa y contribuir al proceso de valor agregado de la recuperación de la posguerra.

Así que aquí hay algunas prácticas y puntos del propio trabajo de Deming que aumentarán la calidad de su producto y servicio.

· · ·

5. **Minimizar costos**

Si puedes descubrir cómo crear tus productos o servicios a un costo menor, estarás definitivamente a la delantera. Aprende a establecer relaciones con tus proveedores, contratistas y fabricantes para reducir los costos.

6. **Comunicación entre tus empleados**

Ofrécele a tus empleados, miembros del equipo y socios la capacidad de hablar en cualquier momento. Esto a menudo se llama una "política de puertas abiertas", pero creo que tiene sentido. La jerarquía puede destruir la comunicación organizacional cuando se trata de creatividad y producción.

Puede que la gente no esté de acuerdo, pero estudios e investigaciones recientes muestran que la comunicación abierta puede mejorar la creatividad y la productividad.

Retira los cubículos y las paredes entre los escritorios.

Permite que tus equipos se comuniquen abiertamente cuándo y cómo lo deseen. Personalmente, he visto muchos problemas personales enraizados en patrones de comunicación jerárquicos. No dejes que tu negocio caiga en estos errores.

Además, permite que cualquier persona de la empresa comunique cualquier problema o conflicto que pueda surgir.

Permite que tus equipos comerciales asuman la responsabilidad de abordar un problema cuando surja.

7. **Entrena a los entrenadores**

A medida que tu negocio crezca hasta el punto de tener que incluir gerentes y empleados, intenta capacitarlos para que puedan hacer su trabajo en algún momento. Aprende a delegar sus responsabilidades a su gerente, socio o empleado. De esta manera, puedes concentrarte en tomar decisiones importantes sobre tu negocio y compartirlas con tu equipo.

Si puedes permitir que tu equipo alinee la calidad del servicio o del producto con las expectativas de calidad, puedes concentrarte en crear nuevos productos o servicios, mejorar los productos o atraer nuevos clientes.

. . .

Sin embargo, sé alguien que esté siempre en movimiento para mejorar la calidad de sus productos y/o servicios. Crea algo que a tus clientes les encantará. No existe lo "suficientemente bueno". Siempre buscando la perfección. Cuando te esfuerzas por la mejora continua, no hay necesidad de temer. Sé consciente de lo que quieren sus clientes y lo que está sucediendo en su negocio.

4

El Cuándo

Por mucho que quiera decirte que te tomes el tiempo para construir tu negocio, debo advertirte que la velocidad es importante. Si no haces crecer tu negocio rápidamente, el tiempo eventualmente erosionará tus esfuerzos. Sin mencionar que tus competidores pueden moverse más rápido que tú, por lo que siempre debes estar alerta para llevar tu negocio al siguiente nivel.

Planeación

Quiero que todos estén plenamente conscientes del problema de la planificación. Sigue la regla del 80/20. Dedica el 20 % de tu tiempo a hacer planes y el 80 % a poner esos planes en acción. He tratado con muchos dueños de negocios y empresarios que han hecho lo contrario y no han llegado a nada. Esto no es un ejercicio académico. Este es un negocio con fines de lucro.

Asimismo, te aconsejo que no te preocupes demasiado por los detalles de la mesa. No me tomes a mal. Estoy completamente a favor de los detalles y de asegurarse de que el negocio sea hermético. Sin embargo, he visto a tantos empresarios atascarse tanto en la etapa de planificación que se vuelve imposible. ¡Es totalmente tonto! ¿Acaso no el punto de planear las cosas es que luego estas serán puestas en acción? Sé consciente de la regla del 80/20.

El inventor de la bombilla no pasó la mayor parte de su tiempo planeando. En lugar de esto, invirtió su tiempo en poner en práctica sus planes. Cometiendo errores y experimentando complicaciones a lo largo del camino.

Si no experimentas ninguna complicación, probablemente deberías tener mucho cuidado. No tengas miedo de cometer errores las primeras veces. ¡Incluso el inventor falló más de 500 veces antes de obtener el resultado deseado! Así que no tengas miedo de cometer errores. Me gusta mucho el lema "simplemente hazlo". Exactamente, algunos emprendedores deben aprender a "hacerlo y ya".

. . .

La planificación debe hacerse en pequeñas porciones. Es por eso que no siempre escribo mis planes de negocios.

Normalmente escribo mi plan para recaudar capital. Sin embargo, recomiendo escribir todo desde el principio.

En cada decisión que tomes, quiero que escribas cómo llegaste allí.

A continuación, quiero que escribas si esta decisión contribuyó a un resultado positivo. Si no, escribe lo que puedas al respecto.

Corre como si te persiguieran

Si tienes una lista de cosas por hacer, ¡comencemos! Toma medidas de inmediato. Si no dedicas tiempo a administrar tu negocio, no tienes motivos para comenzar uno. Esto puede sonar duro, pero no puedo enfatizar la importancia de eso. Si tratas tu trabajo como un pasatiempo, ganarás dinero como un pasatiempo. Si tratas tu negocio como un negocio real, obtendrás ganancias como un negocio real. Probablemente lo único que puede detenerte eres tú.

. . .

Mantente en un estado de urgencia y muévete rápido para hacer las cosas rápidamente. Si necesitas entregar tu solicitud de crédito, ¡hazlo rápido!

Ahora, el verdadero fuego de mis relaciones laborales comienza en las redes sociales. Incluso con mi primer trabajo, alrededor de las tres cuartas partes de mis conexiones comerciales procedían de mis redes sociales.

A muchos de estos los logré conocer en persona, a algunos quizá nunca los vea en mi vida.

Seré completamente honesto contigo y te diré que no soy completamente neutral cuando se trata de iniciar un negocio en línea. Honestamente, nunca tuve una empresa que requiriera una ubicación real. Sin embargo, te indicaré la dirección correcta si realmente quieres iniciar un negocio real.

Locación física

Hablemos de ubicaciones físicas. En esta sección, te mostraré a todas las personas adecuadas para chatear y, más que nada, te mostraré cómo elegir el sitio adecuado para tu negocio. Recuerda, no dirijas tu negocio sin ayuda. Incluso si eres un empresario independiente, necesitarás la ayuda de un experto que te guíe a través del proceso de construcción de tu negocio. Este capítulo no se trata realmente de "cómo" conseguir una tienda física, sino de si tu empresa necesita o no una ubicación física.

Primero, piensa en tu industria y cómo eso afecta tu búsqueda del sitio perfecto. Si deseas abrir una pizzería, es posible que desees ubicarla cerca de un complejo de apartamentos o una universidad.

De esta forma, atraerás a una gran cantidad de clientes que estarán dispuestos a pagar por tus servicios. Es por eso que las tres leyes de bienes raíces son ubicación, ubicación y ubicación.

Todos saben lo que es el negocio con una M gigante de color amarillo, ¿no? Si no estás familiarizado con una de las cadenas de comida rápida más famosas del mundo, te sugiero que salgas más a menudo de casa. Muchas personas ven a esta cadena como un simple restaurante de hamburguesas, pero yo lo veo de otra forma. Para mí, esta se maneja más bien como una compañía de bienes raíces. La mayoría de estos restaurantes son propiedad de franquicias que tenían un restaurante dentro de un edificio propiedad de la corporación. El principal objetivo de esta corporación es el encontrar la mejor locación para su negocio y luego encontrar a la franquicia correcta para dirigir sus sistemas.

Puedes entender por qué son tan exitosos consiguiendo clientes. ¡Se trata de visibilidad! ¡Hacerse notar! ¡Conseguir atención! Y créeme, necesitas bastante atención, sin importar la clase de negocio que formes. Sin atención, no hay ventas. Sin ventas, no hay negocio.

¿Hablar con quién?

Profesionales de bienes raíces

La primera persona con la que debes hablar debe ser un agente de bienes raíces o un inversionista. Estas son tus mejores fuentes sobre dónde encontrar el mejor espacio comercial y minorista. Deberían poder decirle el tráfico, la cantidad de peatones y el alquiler promedio. Los agentes de bienes raíces están muy bien informados sobre las áreas circundantes en el vecindario en donde trabajan. Entonces, hazte amigo de ellos y escucha sus opiniones sobre las tendencias inmobiliarias actuales. Eso sí, ten en cuenta cuántos años de experiencia tienen. No deseas trabajar con un novato que proporciona información incorrecta. En este caso, asegúrate de consultar sus fuentes y hacerles preguntas, y no tengas miedo de pedir una segunda opinión a un agente inmobiliario de otra compañía.

¿Qué clase de preguntas podrías hacer?

1. ¿Cuánto tiempo ha sido agente en esta área?
2. ¿Cuántas propiedades comerciales has cerrado en los últimos 12 meses?
3. ¿Qué tan reciente es su experiencia de educación continua?
4. ¿A cuántas empresas ha ayudado para encontrar un contrato de alquiler?

Otros negocios

La siguiente persona a la que debes consultar es a otros propietarios de negocios en el área.

Reúnete con ellos en las reuniones de la Cámara de Comercio local o en eventos de networking en el área. Si han estado activos allí por un tiempo, sabrán información importante sobre la ciudad. Esta información es valiosa porque solo se comparte entre relaciones muy cercanas.

. . .

Desarrolla relaciones y conexiones con otros negocios en tu área y averigua cosas sobre la ciudad, pueblo, país, calle o vecindario en el que te desarrolles. Te sorprendería la cantidad de información que guíe tu proceso de toma de decisiones al momento de elegir dónde situar tu negocio.

El internet

Por supuesto, el internet es una opción obvia. Pero no estoy aquí para decirles que internet tiene todas las respuestas. ¡En realidad no! El internet es valioso y útil para obtener información, pero debes tener en cuenta la confiabilidad de los sitios a los que te refieres. Algunas páginas son muy antiguas y la información ya no está disponible. Busca siempre el asesoramiento de expertos o realiza una búsqueda exhaustiva en todos los sitios para comparar los resultados.

Este fue uno de los primeros errores que cometí. Fui ingenuo al creer todo lo que me dijo Internet. Siempre debes tener dos o más fuentes para ayudar a respaldar tu información. Y no te quedes ahí sentado.

Ve a buscar las respuestas si te resultan útiles. No te quedes pegado a la pantalla solo porque tienes miedo de que lo que estás leyendo pueda ser diferente de lo que estás experimentando.

Sobre ventas y marketing

Lo primero que debes entender sobre las ventas es el concepto de los tres elementos de un sistema de línea. En primer lugar, debes ser un apasionado de tu trabajo. El entusiasmo muestra que hay un sentido de urgencia e importancia detrás de tu trabajo. Esto provoca una respuesta emocional del cliente potencial. También puedes notar que el entusiasmo es contagioso. Si puedes lograr que un cliente se entusiasme tanto como tú, tienes una gran oportunidad de convertir a ese cliente en un cliente a largo plazo.

En segundo lugar, debes convertirte en un experto y una figura de referencia en tu trabajo. Si trabajas en bienes raíces, tus clientes necesitan verte como un líder de la industria. Hay muchas maneras de convertirte en un experto.

Uno en la forma de hablar. Tu tono de voz, tu forma de hablar y tu energía demuestran que eres un miembro experimentado de la industria. Otro método es el posicionamiento.

Puedes posicionarte como un experto escribiendo artículos de blog, apareciendo en la televisión o apareciendo en la sección de un periódico o una revista.

Todas estas cosas le darán la ventaja de aparecer como un experto sobre sus competidores.

En tercer lugar, tienes que ser muy agudo. La forma en que te vistes, la forma en que te cuidas y la forma en que te presentas al mundo jugarán un papel importante en qué tan bien logras proyectar tu intensidad. Cuando te presentas como una persona entusiasta, receptiva y conocedora, tus posibilidades de atraer nuevos clientes aumentan exponencialmente. Entonces verás una clara diferencia entre una persona de negocios exitosa o una persona que no logra los resultados deseados.

Quiero prepararlos a todos para convertirse en estas tres cosas. Si puedes cambiar estas tres cosas, estás a medio camino de convertirte en un vendedor profesional. Sé un reflejo positivo de su negocio y sus clientes seguirán sus pasos. Todos estos son importantes cuando deseas construir tu relación y ganarte la confianza de tus clientes.

No comprarán si no confían en ti o en tu negocio. Esto es lo que te dije sobre tres cosas y por qué es importante que las implementes como parte de tu perfil de emprendedor.

Para vender bien, primero debes amar tu producto, amarte a ti mismo como vendedor y amar tu trabajo. Si estas tres cosas no se crean con la persona con la que estás interactuando, nunca venderás nada. Puede que no estés de acuerdo con esto, pero lo he probado en mis propias empresas, así como en otras empresas a las que he consultado. Apoyo esta filosofía con todo mi corazón.

Ahora podría escribir un libro completo sobre ventas y marketing. Esto muestra cuán amplio es el tema; Pero mi objetivo en este libro es llevarte en la dirección correcta.

Quiero que empieces a aprender cómo funciona el proceso de venta. Honestamente, no puedes convertirte en un experto en ventas simplemente leyendo un libro o un artículo sobre el tema. Las ventas son acciones y es a través de acciones la forma en la que uno aprende y puede convertirse en un verdadero experto a no ser que realmente salgas al mundo real y te pongas a ejercer directamente. Cometerás errores y tropezarás en algunas ocasiones pero no tienes nada de qué preocuparte, todo forma parte del proceso de aprendizaje.

Para dar un testimonio más personal al respecto, al inicio yo me encontraba muy reacio a aprender sobre ventas y, por tanto, llamarme a mí mismo un vendedor. Yo era terrible vendiendo. Incluso hoy en día esto sigue siendo un desafío para mí.

Cuando comencé con mi negocio solamente quería trabajar en ello y poner en práctica las habilidades que me fueron conferidas. Sin embargo, pronto me di cuenta de que no podía encontrar un grupo de clientes que pudiera apoyar al crecimiento de mi negocio. No era culpa de mi producto o mi servicio, nada de eso era el problema. El problema era yo. Mi resistencia al aprendizaje, a tomar riesgos y abrir mi mente a nuevos conocimientos con respecto a las ventas había sido la causa de que hubiera perdido la oportunidad de ayudar a los clientes a obtener aquello que necesitaban de mí. No me di cuenta de esto hasta que un día, dentro de un grupo en una de mis redes sociales dedicado a la industria a la que mi negocio pertenecía, comencé a hablar acerca de mis dificultades y a expresar mi frustración ante mi incapacidad de encontrar clientes potenciales. Entonces alguien me respondió haciéndome ver la importancia de las ventas y me invitó a uno de sus talleres al respecto, al cual atendí gustoso. Así que, aprende de mí. Deja a un lado tu ego, no dejes que este se interponga en tu camino hacia el éxito. La humildad es muy importante en los negocios.

Pronto, leí libro tras libro sobre ventas. Asistí a seminarios y talleres para perfeccionar esta habilidad. Luego salí a experimentar y me di cuenta de que había dominado la habilidad. Así que no seas como yo y apégate a las ventas. Vender es una gran cosa que puede prepararte para un tremendo éxito en todo lo que haces, siempre que apliques estas habilidades de manera ética. No vendas tu producto o servicio a personas que realmente no lo necesitan.

Si alguien no necesita tu producto, eliminalo de la lista de clientes potenciales y sé cortés al hacerlo.

Conciencia de uno mismo

Esta es un área de mi vida personal en la que sigo trabajando. No puedo decir que estoy 100% seguro de quién soy. Es una ironía interesante decir que estoy completo como lo estoy en este mismo momento. Me he perfeccionado en cada etapa de mi vida, pero siempre de manera diferente según el momento existencial en el que me encuentre. Cuando era un niño, era perfecto en el sentido de que era solo un niño y no me faltaba nada.

Se necesita ser "elegante" en tu publicidad para expresar el nivel de emoción o de familiaridad a tus clientes potenciales. Todo esto se reduce a una sola cosa: "yo soy como tú".

Los clientes quieren tratar con personas como ellos. Por eso nos sumamos a las organizaciones políticas con las que tratamos. Nos unimos a clubes y organizaciones que principalmente reflejan quiénes somos y qué valoramos. Al lanzar un anuncio o mensaje de marketing a través de canales en línea, debes utilizar estos patrones de lenguaje para crear una sensación de conexión con tus clientes potenciales.

Así que pregúntate cuáles son algunas palabras o frases que utilizan tus clientes ideales para describir sus desafíos, obstáculos y la solución que puedes brindarles.

El poder de la tonalidad

. . .

Lo que dices y cómo lo dices son cosas completamente diferentes. La mayoría de los lingüistas y recolectores de datos de investigación indican que nuestro tono es el 38% de la forma en que nos comunicamos con los demás y el 55% es el lenguaje corporal. Entonces, cuando estás hablando por teléfono con un prospecto o cliente potencial, el peso de la conexión coincide con tu tono de voz.

Hay más de mil formas de decir "te amo". Dependiendo de cómo lo pronuncies, puede tener significados muy diferentes. No puedo enseñarte el dialecto a través de este libro, pero puedo ayudarte a familiarizarte con él.

Algunas cosas a tener en cuenta: tu voz debe transmitir certeza, entusiasmo, claridad y compromiso. Conocí a varios vendedores que parecían estar interrogando a la policía. Es la melodía de la muerte. Entonces debes ser consciente de la voz que puede ayudar al cliente potencial a alcanzar tus objetivos. No hables como el enemigo. Al usar ciertas tonalidades, la imaginación del prospecto se apodera para crear una imagen mental de quién eres.

Incluso si no pueden verte por teléfono, su mente subconsciente continúa provocando una respuesta de lucha o huida. Ocurre en un nivel subconsciente tan profundo que las personas de ideas afines no pueden prevenirlo ni controlarlo. Todos tenemos una voz interior que se opone a la persona con la que estamos hablando. Cuando hablas por teléfono con un cliente, el cliente mantiene constantemente un diálogo interno lleno de preguntas. "¿Puedo confiar en esta persona? ¿Es esto real? ¿Está diciendo la verdad?"

Al usar el poder de la tonalidad, puedes establecer la confianza y credibilidad con el cliente que luego te permite seguir adelante con el proceso de venta. Muchos de esos "gurús de ventas" se saltan esta parte.

El poder de patrón del lenguaje

El modelado del lenguaje es otro tema importante que creo que es importante para la forma en que hablamos. Describe las palabras que elegimos para describir ciertas cosas, es decir, ciertas palabras tienen diferentes puntos fuertes. Las palabras "bueno" y "excelente" a menudo son sinónimos, pero el intercambio de las mismas palabras puede significar cosas completamente diferentes. Puedes decirles a los clientes que tu producto es bueno o puedes decirles que es excepcional. Uno pesa mucho más que el otro. Recuerda que tu tono debe apoyar el modelo de lenguaje de tu elección.

Si dices la palabra "impresionante" de manera monótona, la palabra pierde su poder. Pero si lo dices con entusiasmo, obtendrás un resultado sólido al hablar.

Curiosamente, la historia británica nos dice que la forma en que hablas y las palabras que eliges determinan en última instancia el lugar de uno en la jerarquía de clase económica.

No era tan común como lo es hoy, pero antes de la era moderna, los ciudadanos de la aristocracia hablaban de manera diferente a los ciudadanos de la clase trabajadora.

La clase social noble habla diferente a la clase obrera. Con toda esa inteligencia, entusiasmo y audacia que te define, se espera que seas como hablas. Tu acento y tu idioma revelarán quién eres y que eres un emprendedor. Usa las palabras con elegancia y absoluta certeza. Evita usar palabras como: necesita, puede, aproximadamente, debería, promedio, bueno, problema e incluso aburrido. Estas palabras se convirtieron en víctimas.

Estas palabras debilitan a quien las usa. Las personas con las que hablan son víctimas de sus propias circunstancias. Si quieres ser capaz de resolver problemas, tienes que convertirte en el creador de condiciones, no en una víctima de ellas. Hablamos de esto en el capítulo uno como parte de nuestro viaje de desarrollo personal.

Creo que el poder del lenguaje está ahí y puede moldear tu personalidad. He aquí otro hecho sobre el poder del lenguaje. Cuando Dios creó el universo, no lo hizo con sus manos fuertes. Él creó el universo y la vida por el poder de las palabras. Gracias a ellas, la vida empezó a tomar su curso. Porque fuimos creados a su imagen y amor. También podemos crear situaciones y posibilidades utilizando el poder de las palabras.

Si no crees en Dios, ¡genial! No importa lo que creas que es tu verdad, quiero que sepas que la creatividad comienza con las palabras. Generar posibilidades, hechos, creencias e incluso ideas. Todo es producto de la declaración verbal de alguien.

Aquellos que hablan de poder y posibilidad crearán poderosas posibilidades. Ninguna circunstancia o situación se crea por sí sola. Son creadas por aquellos que entienden el poder de las palabras y la acción que sigue.

El arte de las ventas

. . .

Este es el pan y la mantequilla. No se puede tener un negocio sin ventas y marketing. Déjame decirlo otra vez. ¡No se puede tener un negocio sin ventas y marketing!

Si tienes pocas habilidades de venta, será difícil para ti hacer crecer tu negocio. Si tienes comentarios negativos sobre la venta, aclare antes de continuar.

En lo personal, vender es la profesión y el arte más noble que se me ocurre. Si se hace éticamente, vender es el arte de permitir a otros con claridad y certeza sobre tu producto o servicio si realmente lo necesitan. Si te das cuenta de que tu cliente necesitas urgentemente una solución que tú puedes ofrecer, tú trabajo es influir en esa persona y persuadirla para que compres tu producto o servicio. Sin proveedores, las empresas no pueden crecer. Sin ellos, los clientes no tendrían orientación sobre qué producto o servicio es mejor para ellos.

Entendiendo las ventas

Antes de que aborde las estrategias de ventas, primero quiero aclarar unas cosas sobre el tema.

· · ·

Mito #1: Las ventas se trata de presionar a una persona para que compre.

Las ventas no están relacionadas con esto. Si manejas el rol de vendedor de manera segura y estableces una buena relación con el cliente potencial, no necesitas recurrir a la presión para hacer una venta.

Mito #2: Debes hablar muy rápido y con mucho entusiasmo hasta el punto de agobiar a tu cliente.

Esta sólo es una media verdad. Si bien el ser entusiasta en una gran parte de la tarea del vendedor, hablar con rapidez no te ayudará en lo absoluto.

Mito #3: Necesitas ser un vendedor natural. No todo mundo nació para las ventas.

Algunos vendedores nacen y son talentosos, mientras que otros han tenido que aprender el oficio en el camino.

Estas son buenas noticias. El trabajo de los vendedores se aprende y todos pueden triunfar de la misma manera que los vendedores nacen o tienen que aprenderlo todo.

Protegiendo tu negocio

. . .

Este es otro aspecto a considerar cuando se desea administrar un negocio que no se debe hacer solo. Cuando digo proteger tu negocio, me refiero a contratar a un buen abogado. No quieres buscar cosas en internet al respecto.

Créeme, pagarás más para arreglar tus errores que teniendo que pagar por el tiempo de un abogado. Mencioné a un empresario en la sección pasada. Tuve la suerte de comenzar mi propia empresa con él y sus consejos.

Como resultado, sé que mi negocio está asegurado y estoy dispuesto a defenderme de cualquier tipo de demanda, siempre y cuando haga mi trabajo para mantener el estado de mi negocio positivo.

Te advierto de antemano que no es de tu interés pagar ningún servicio legal a través de Internet. Déjame decirte ahora que cometerás un gran error si decides ser tu propio abogado. Cada negocio o industria tiene ciertas reglas que se le aplican. Además, cada estado tiene sus propias leyes y tarifas para iniciar un negocio, especialmente cuando se abre un restaurante o una tienda minorista. Quieres estar preparado con el abogado adecuado para ayudarlo a determinar lo que necesita.

· · ·

Hablemos del contrato. Mi primera respuesta cuando me preguntaron sobre la creación de un contrato fue: "Encuentra la asistencia legal adecuada para tu negocio".

No, hablo en serio cuando se trata de crear un contrato. Y siempre paga a tu abogado, porque sino no están legalmente obligados a estar al cien por cien para asesorarte. Esto se llama un deber fiduciario. Si les pagas, están obligados a brindarle un servicio satisfactorio y son responsables de su trabajo.

Ahora, puedo educarte un poco con respecto a entidades legales. Nuevamente, no soy abogado, así que consulta a un abogado legal y con licencia para las entidades legales que trabajan para tu negocio. En la mayoría de los casos, hay corporaciones, sociedades de responsabilidad limitada (LLC), socios de responsabilidad limitada, empresas conjuntas y propietarios únicos, entre otros. Si no obtienes ninguna de estas cosas o no sabes qué es lo mejor para ti y tu empresa, considerate propietario único. Esta es la entidad predeterminada.

Como propietario único, tu eres personalmente responsable de la conducción de tu negocio. Entonces, si alguien demanda a tu negocio, en realidad te están demandando a ti. Por eso es importante tener la entidad legal apropiada asociada con tu negocio. Realmente no hay prisa por incorporar tu negocio a no ser que como empresa lo requieras para poder construir y dar inicio a tu empresa (o si es que tu abogado piensa que es importante hacerlo).

Enfrentando el fracaso

El dolor seguirá existiendo sin importar qué tan cuidadoso seas, así que la forma en que decidas lidiar con él depende de ti. ¿Verás el dolor como una señal de dejar ir, o lo verás como una oportunidad para aprender de él y crecer? La mayoría de las personas se dan por vencidas ante los primeros signos de dolor, desafío o complicaciones.

Pero las personas exitosas son las que no se dan por vencidas y enfrentan desafíos. Cuando ves estos desafíos como oportunidades, se vuelve claro. La claridad está donde tú la quieres, sin frustración ni enfado. No inundes tu mente con emociones negativas, ya que esto agota tu creatividad. Bloquea el flujo de la lógica en tu mente.

Te digo esto ahora porque quiero que estés preparado para estos desafíos a medida que se presenten. Cuando esto suceda, quiero que te relajes y te preguntes: ¿cuál es la manera más lógica para salir de esta situación?, ¿a quién le puedo pedir consejo?, ¿qué está en juego?, ¿qué me llevó a estar en esta situación en primer lugar?

Fracasa rápido

Hemos hablado de cuándo estos desafíos inevitables se presentarán en su camino. Pero, ¿qué hay de deshacerse de ellos con un fallo rápido? Me gusta mucho el concepto de "fracaso rápido" que vi por primera vez de parte de un orador motivacional estadounidense de ascendencia japonesa, autor de Padre rico. Padre pobre.

"Fracasar rápido" es la idea de enfrentar estos desafíos lo más rápido posible y, a menudo, aprender de ellos. Al iniciar un negocio, encontrarás dificultades. Te horrorizarás por lo que haces. ¡Pero haz más y falla más rápido!

Aprendes cada vez que fallas. Lo que te falta en habilidades, lo compensas en experiencia. Digamos que tu estás buscando más clientes. Así que quiero que publiques más anuncios, pruebes nuevas estrategias, hables con tu mentor y realices un seguimiento de tus resultados. Es la mejor manera de aprender y ganar experiencia a largo plazo.

. . .

Así que quiero que publiques más anuncios, pruebes nuevas estrategias, hables con tu mentor y realices un seguimiento de tus resultados. Es la mejor manera de aprender y ganar experiencia a largo plazo.

Es muy importante que aprendas de tus fracasos y errores del pasado. Sin importar lo minúsculo que parezca a simple vista.

Comenzar un negocio es como realizar un experimento científico. ¿Recuerdas haber aprendido el método científico en la escuela? En primer lugar, debes identificar un problema o una pregunta que puedas tener. "Tengo un problema con eso y también con muchas otras personas.

¿Qué puedo crear para resolver este problema? ¿Existe acaso ya una solución?" Esas dos preguntas solo hacen que tu cabeza comience a buscar respuestas.

Al igual que con el método científico, debes comenzar con la creación de una hipótesis. En este caso, un producto o servicio. La experiencia en sí es una prueba del producto que creaste o del servicio que lanzaste. No todo irá perfecto la primera vez. Por eso hablamos desde la experiencia.

Tienes que estar dispuesto a intentarlo antes de encontrar una manera de "dar al clavo". Igual te darás cuenta de que dicho "clavo" se encontraba en constante movimiento y tú también debiste estarlo desde el inicio.

Y en ocasiones, tendrás que confiar en tus sentimientos e instintos con lo que respecta a ciertas situaciones. Así sucede por ejemplo en el caso de las actividades de entrenamiento de combate en los campos militares. La mayoría de los profesionales siempre se encuentran en una encrucijada para poner a prueba su capacidad de toma de decisiones.

Muchos de ellos tienen problemas con esto por la sencilla razón de que se atormentan tratando de encontrar la "solución correcta" cuando no hay una respuesta real en estos casos.

Aquí presento cómo yo hubiera hecho las cosas.

. . .

En una primera instancia, cuando fuera mi turno de liderar el escenario de entrenamiento tomaríamos una decisión desde un inicio sobre cómo el ataque empezaría y qué hacer con respecto a la comunicación. Marcharemos juntos hacia donde la base enemiga se encuentre. Comenzaremos el ataque teniendo en cuenta que nuestros planes originales podrían terminar descartados. Las cosas no siempre son como uno lo imagina en un principio.

Entonces tendremos que cambiar nuestros planes e inmediatamente tomar una nueva decisión. Debía mantenerme en contacto y tomar decisiones sobre nuestros próximos pasos. A veces esto tiene que hacerse sin pensar porque incluso no tomar una decisión es una decisión en sí misma. El tiempo es esencial. Sé que, en una situación de guerra real, mi grupo hubiera sido asesinado por el enemigo si me detengo a pensar demasiado en la decisión correcta. Esa es la razón por la que te advierto acerca de pensar demasiado o planear demasiado. Las cosas van a cambiar todo el tiempo. Lo mejor que puedes hacer es simplemente hacerlo.

El tiempo lo es todo

. . .

El tiempo es fundamental cuando se trata de iniciar un negocio, promocionar un producto o lanzar una campaña publicitaria, incluso cuando se trata de publicar un anuncio clasificado.

Hay una razón por la cual la mayoría de los productos de higiene femenina se comercializan al mediodía. La mayoría de las amas de casa de estos tiempos miran de un canal a otro en busca de un programa o serie de televisión para disfrutar. La mayoría de los especialistas en marketing saben que este es un buen momento para promocionar excelentes productos para mujeres que tienen hijos o están en casa por algún motivo. Por la misma razón, muchos anuncios de cerveza se hacen durante los partidos de fútbol o béisbol. Una vez que entiendas quiénes son tus clientes, podrás empezar a posicionar tu negocio a tiempo.

Ganar dinero para tu negocio

La mayoría de los especialistas en marketing saben que este es un buen momento para promocionar excelentes productos para mujeres que tienen hijos o están en casa por algún motivo. Por la misma razón, muchos anuncios de cerveza se hacen durante los partidos de fútbol o béisbol.

Una vez que entiendas quiénes son tus clientes, podrás empezar a posicionar tu negocio a tiempo.

Cuando comencé, todo lo que ahorré fueron alrededor de $10,000 en mi cuenta bancaria y $12,000 en crédito en mi tarjeta. Eso es todo. Pero luego, gané algo de dinero con mi servicio militar.

Con ese dinero recaudé alrededor de $70,000 en cuatro meses. Primero, gasté parte de ese dinero para comprar el equipo que necesitaba y para publicitar mi negocio. Tengo que mencionar que con esto todavía terminé con un sobregiro en mi tarjeta de crédito (no muy inteligente) pero sé que al final todo valdrá la pena. Le puse tanta pasión a mi startup que decidí invertir todo lo que tenía para hacer realidad mis sueños.

Si no estás dispuesto a dar todo lo que tienes de ti e invertirlo en tu negocio, entonces encuentra otra idea en la qué trabajar. Tu pasión hablará por sí sola y te permitirá ser irracional de vez en cuando.

. . .

Monitorea y rastrea todo

Uno de mis mentores me enseñó que no puedes mejorar nada que no monitorees o rastrees. Esto incluye la cantidad de horas que dedica cada día a tareas individuales. Recomiendo mantener un registro en algún lugar.

Lo primero que debes hacer es controlar dónde gastas o se inviertes tu tiempo. Este es el recurso más importante que tienes. ¡Es la hora!

En segundo lugar, averigua cuántos clientes potenciales genera tu negocio por semana. Es una excelente manera de realizar un seguimiento de la eficacia de tu comercialización. Recomiendo trabajar con software de marketing de relación con el cliente (CRM). Es una herramienta que te permite realizar un seguimiento de los clientes nuevos y existentes para que no tengas problemas para averiguar información sobre ellos.

La gestión de las relaciones con los clientes (CRM) es esencial para el éxito de sus planes de ventas y marketing. Este puede ser un aspecto difícil de aprender, pero una vez que te acostumbres, podrás volverte efectivo en la gestión de tus clientes y clientes potenciales.

En tercer lugar, realiza un seguimiento de las tasas individuales. Entonces, quiero que tomes la cantidad aproximada de clientes potenciales que generas y la dividas por la cantidad de tiempo que pasaste esta semana generando esos clientes potenciales. Esto te dará una buena idea de cuánto tiempo dedicarás a conseguir un cliente potencial. Si tardas una hora en obtener un cliente potencial, descubre cómo puedes hacerlo en 30 minutos o menos. ¡De esta manera usas tu tiempo más sabiamente!

También puedes realizar un seguimiento de cuánto tiempo pasas generando los ingresos que ganas.

Si ganas un total de $40,000 con 50 horas a la semana, sabes que puedes ganar $800 por hora. De esta manera puedes aprender a ganar $1,000, $1,200 o incluso $2,000 por hora en tu negocio. Aunque el peso sea negativo, quiero que midas todo. Si estás fabricando productos, quiero que te tomes el tiempo para comprender cómo acelerar el proceso manteniendo la calidad.

· · ·

Te mostraré exactamente cómo rastrear y monitorear las finanzas de tu negocio en las próximas secciones. Por ahora, es importante que desarrolles una mentalidad inclusiva.

Escríbelo o usa tu calculadora para anotar las cosas. Recomiendo comenzar con una simple hoja de Excel. Si no sabes cómo usar Excel, ¡ve un video de internet sobre cómo usar Excel! Te sorprenderás de lo lejos que puedes llegar con un simple programa de Excel.

¿Dónde está el negocio ahora?

Quiero que seas realmente honesto contigo mismo y con tu negocio. Si no puedes, deja que otra persona te dé una opinión honesta. Sé honesto acerca de dónde trabajas actualmente. Antes de continuar, no me refiero necesariamente a la ubicación real, sino al estado y condición de tu negocio. Pero si es el sitio web el que te causa problemas, la solución está al alcance de tu mano.

Déjame darte un plan de acción. Quiero que administres tu negocio como si no fuera tuyo. Elige un día para profundizar en tu trabajo y descubrir formas de mejorarlo.

. . .

Sé honesto y directo contigo mismo y tu negocio. Consulta a las personas con las que trabajas. Recuerda que la honestidad y la transparencia son muy importantes en los negocios. Ten esto en cuenta cuando organices reuniones con tu equipo. Sin ella, solo ocurrirán malentendidos y drama.

Recuerda que el drama es lo más tóxico que puede pasar en una empresa. Le permite a ti y a tu equipo poner todas sus cartas sobre la mesa. Sé honesto, incluso ante noticias negativas.

5

El Dónde

LA UBICACIÓN ES SIEMPRE un factor importante para los nuevos negocios. Sin embargo, con el mundo cambiante de las redes sociales, la localización ya no es un problema.

Cada vez más empresas se están volviendo 100% digitales.

He visto panaderías cerrar y cambiar a pedidos en línea exclusivamente. Por lo tanto, no hay necesidad de una ubicación física para administrar el negocio, lo que también reduce el costo.

. . .

Soy un gran fanático de las redes sociales y los negocios en línea. Es la forma más rápida y fácil de iniciar tu propio negocio. Cuando digo esto, me refiero a la eficiencia del trabajo.

El viejo marketing contra el nuevo marketing

Las cosas son muy diferentes en el mundo del marketing hoy en día de lo que eran en los años 80, en ese momento, la publicidad televisiva era la forma más efectiva de transmitir tu mensaje y promocionar productos y servicios a tus clientes potenciales. Pero incluso antes de la década de 1980, la radio seguía siendo la fuerza dominante en el mundo del marketing junto con los anuncios en los periódicos. Estas eran las viejas formas de marketing. Los clientes realmente no tienen nada que decir sobre sus necesidades. Las empresas deben aprender lo que quieren los clientes a través de prueba y error. Solo pueden conocer los resultados de sus estrategias de marketing analizando sus números de ventas y la cantidad de dinero que generan.

Ahora todo es muy complicado y frágil. Con la adopción de Internet y las tecnologías inteligentes, el poder de los negocios se ha trasladado a los clientes. Ahora, el cliente tiene más poder que la fuerza de trabajo. Tienen más voz en lo que quieren de sus marcas favoritas y las marcas necesitan escucharlas o, de lo contrario, irán a la quiebra.

El internet

Internet parece una herramienta obvia, pero algunos de ustedes aún pueden tener problemas para usarlo, y eso no es algo malo. Puedes aprender a usar esta herramienta de la misma manera que aprendas a usar cualquier otra cosa. Puede ser abrumador. Pero así es como puedes dominar cualquier herramienta. Primero tienes que dejar ir tu miedo. Cuando temes algo nuevo que no has experimentado, es cuando creas una falsa cortina entre tú y la cosa en cuestión. Aquello a lo que le temas, no podrás dominarlo.

Ahora volvamos al tema de Internet. Puedo atribuir casi la mitad de lo que he aprendido sobre el mundo a Internet. Hace unos días dejó de funcionar la máquina trituradora de basura. Escuché un zumbido pero nada más. Se convirtió en un problema cuando el lavabo comenzaba a inundarse con agua sucia. Pensé en llamar al plomero o a cualquier otro experto para que me ayudara, pero en lugar de hacer eso decidí buscar en internet un video tutorial que me enseñara a reparar el aparato. Resulta que este era un problema bastante común y todo lo que tenía que hacer era comprar una llave de seis milímetros para manualmente girar el molinillo dentro del triturador de basura. Por la cantidad de un dólar con noventa y nueve centavos compré un set de llaves y yo sólo arreglé mi problema.

Si hubiese llamado a un plomero, estoy seguro de que me hubiera costado mucho más dinero de lo que realmente me terminó costando haciéndolo yo mismo.

Internet es increíble porque esta y cualquier otra información está al alcance de tu mano. Si no sabes cómo hacer algo, ¡búscalo en línea! Hay una página que tiene una gran cantidad de información sobre casi cualquier cosa.

De hecho, también aprendí a tocar la guitarra gracias a internet. No necesité contratar a un tutor privado para que me enseñara. Con perseverancia, aprendí a tocar mi canción favorita.

Este es el poder de Internet, no lo subestimes. Esto es para cualquier persona atrapada en la antigüedad y sus formas antiguas. Incluso cuando se trata de marketing, las viejas formas están desapareciendo rápidamente. Las postales, los anuarios, los anuncios de periódicos y las vallas publicitarias ahora se consideran "de la vieja escuela". Si lo que quieres es llamar la atención de los millennials o la generación Z, necesitas dar un paso al mundo digital.

Marketing: el arte de llamar la atención

Llamar la atención elegantemente, eso es el marketing. No se trata de irrumpir en la mente de alguien para venderle cosas. Es sobre mejorar la experiencia de alguien dándole valor a dicha experiencia. El valor puede ser desde entretenimiento, información hasta recursos.

Hay una razón por la cual las personas se saltan los anuncios de la plataforma donde vemos vídeos en internet cuando intentan ver videos de gatos. Los anuncios interrumpen la experiencia. Al interrumpirse, el valor se pierde.

· · ·

Sus esfuerzos de marketing deberían verse como videos de gatos. Crea algo que tenga el mismo propósito de brindar valor e impulsar tu negocio.

Muchos profesionales de marketing se refieren al marketing como "creación de contenido". Por mi parte, me gusta llamarlo "mensaje". El contenido no anima a la audiencia a pensar en ello, con un mensaje el objetivo sigue siendo el mismo: encontrar una manera de involucrar a la audiencia en la conversación que los lleva a consumir el producto o servicio.

Las pancartas, las tarjetas empresariales, los folletos, los comerciales. Todos estos son medios simples que puedes usar para expresar tu punto, pero no tiene sentido gastar cantidades exorbitantes en él si el mensaje no es lo suficientemente persuasivo como para llamar la atención. Yo lo llamo "marketing perezoso". También puede haber herramientas de marketing que no sean adecuadas para ti.

Métodos de envío

. . .

Así que hablemos de los métodos de envío. Me refiero a la forma en que transmites tu mensaje al cliente. Uno de mis métodos favoritos son las redes sociales. Es gratis, además de que es más poderoso que los métodos de marketing tradicionales. Pero la gente suele cometer el error de subestimar el poder de las redes sociales o simplemente abusar de ellas.

Primero un par de cosas, nunca trates las redes sociales como un libro de páginas amarillas. Veo a muchas personas que usan las redes sociales como una herramienta transaccional en lugar de un lugar para construir una marca. No es un lugar donde puedas bombardear tus anuncios o bombardear las redes sociales con anuncios. Se necesita elegancia y sofisticación para tener éxito en el marketing organizacional en redes sociales. Sin embargo, aquí están mis diez mandamientos cuando se trata de usar las redes sociales para marketing.

1. No publicarás folletos en las redes sociales como una forma de "atraer" clientes.
2. Deberás construir relaciones, establecer contactos y cultivarlas en las redes sociales.
3. Proporcionarás valor a tu audiencia compartiendo los artículos de tu blog, conocimientos, experiencia, mensajes

entretenidos e incluso los secretos de tu
industria en las redes sociales.

4. Serás consciente de las redes sociales que más
usa tu audiencia y estarás atento a ellas.

5. No debes atacar, insultar, herir, acosar o humillar
a nadie en línea, incluso si alguien te insulta.

6. Nunca venderás de forma agresiva en las redes
sociales.

7. Nunca escribirás nada negativo sobre tus
competidores u otros negocios.

8. Serás humano, amable y auténtico cuando
compartas tu mensaje con tu audiencia.

9. Siempre estarás dispuesto a dar, dar y dar a tu
audiencia.

10. Nunca compartirás negatividad en redes
sociales.

Estas son algunas de las reglas más importantes que
debes seguir. Casi dudo en decir "reglas" porque realmente no hay un conjunto de reglas a seguir cuando se
trata de redes sociales. Tienes absoluta libertad para
hacer lo que quieras, pero debes entender que las
acciones tienen consecuencias. Eres libre de experimentar
como quieras. Recuerda que estás tratando con personas
reales con pensamientos y sentimientos reales. Si en algún
momento dañas una relación, puede ser muy difícil recu-
perarla y compensarla.

. . .

Muchas personas creen erróneamente que está bien publicar mensajes hirientes en las redes sociales porque piensan que sus palabras no funcionarán en el mundo real.

De hecho, estos tienen un impacto mucho mayor porque están permanentemente registrados en línea.

Por otra parte, puedes utilizar el mismo concepto a tu favor. Las redes sociales actúan como amplificadores y ecualizadores para promocionar tu mensaje y marca personal con un sinfín de posibilidades. De hecho, a la mayoría de las grandes empresas les cuesta entender cómo comportarse en las redes sociales. En el mundo en que vivimos, la gente quiere hablar con la gente, no hablar con personas anónimas. No quieren lidiar con mega-corporaciones con representantes robotizados de atención al cliente.

Uno de mis mentores favoritos y gran amigo mío sabía lo que tenía que hacer incluso antes de que nos encontráramos cara a cara a través de mi perfil. Él se dio cuenta de que era un experto en bienes raíces, nuevas empresas y marketing.

. . .

Cuando nos conocimos cara a cara por primera vez, ya habíamos tenido una relación sutil previa. No nos sentimos extraños. Este es el tipo de poder que transmiten las redes sociales.

Las empresas más grandes del mundo tienen tanto poder como en lo que respecta al marketing en redes sociales. De hecho, tiene más credibilidad porque la gente tiende a evitar las grandes empresas que "intentan" conectarse con sus clientes.

Recuerde que las redes sociales no son como una guía telefónica. Por cierto, realmente no sé si la gente todavía usa un directorio. Con las redes sociales, hay que ser más estiloso y sofisticado.

Con demasiada frecuencia, veo a empresarios y dueños de negocios salir y publicar sus piezas publicitarias en las redes sociales pensando que eso es marketing. Esa es una receta para el desastre. Si bien parece un movimiento lógico, éste no tiene poder ni valor. No hace más que perturbar la experiencia de las personas en las redes sociales. En lugar de buscar una gratificación instantánea recurriendo a este tipo de estrategia, concéntrate en construir una marca.

. . .

En cuanto a la marca, quiero que la compartan y la aprecien tanto como sea posible. Enséñale algo a tus clientes y bríndales una idea de las posibles soluciones a sus desafíos.

La clave del éxito en cualquier plataforma de redes sociales es construir relaciones y presentar ideas clave. También necesitas construir una relación con tu audiencia. Sé entusiasta, receptivo y un experto en tu campo cuando te presentes en las redes sociales. A menudo veo empresarios y dueños de negocios que publican sus anuncios en las redes sociales.

Promueve conversaciones haciendo preguntas productivas

Recuerda, estás contando tu historia y compartiendo en los lugares correctos y en los momentos apropiados. Si tus amigos de en tus redes no quieren escuchar cómo la ley afecta a tu compañía, entonces no lo compartas. Sin embargo, puedes encontrar algún grupo al que el tema le interese. Ahora, se preguntarán ¿por qué querría compartir eso con mi competencia?, ¿qué no debería mantener conmigo los secretos de la industria? Bueno, esa es una buena pregunta. Aprendí que al compartir tus secretos y experiencias, crecerás como líder. Cuando un empleador te pide tu opinión, es cuando sabes que obtuvo un buen puesto donde su experiencia vale la pena. No solo como miembro activo de la industria, sino también como consultor de negocios e incluso como coach. Ahora su influencia en el mercado se ha convertido en un grupo que está completamente listo para escucharlo y aprender de ti.

Puedes estar en desacuerdo conmigo y decir que es ilógico y malo para tu negocio, pero ¿no son muchas cosas en nuestro mundo son contra intuitivas de por sí? Lógicamente, si compartes tus experiencias con los demás, te corresponderán con el tiempo. Puede que no suceda todo el tiempo, pero notarás un cambio en la forma en que la gente lo trata.

Conozco líderes de la industria que ganan más dinero vendiendo su experiencia y conocimiento que vendiendo sus propios productos. Se trata de posicionamiento, y las redes sociales pueden ser de gran ayuda con eso.

Grupos de las redes sociales

. . .

Decidí hablar de este tema en una sección única y exclusiva debido a la importancia de los grupos en las redes sociales.

Muchas personas tienden a saltarse esta parte de su perfil en las redes sociales que utilizan. Se subestima el poder de estos grupos, quizás porque no se ve como tal. Puedes comenzar pensando en los grupos como una comunidad de clientes potenciales para su empresa. He conocido a mucha gente con la que trabajo en grupos en las redes.

Lo mejor de los negocios es que un líder puede reunir a las masas de la comunidad. Tienes que resolver el problema tú mismo y ponerte en llamas. Liderar el equipo creando una cultura de colaboración dentro del equipo. He aquí lo que quiero decir.

Si desea tener éxito en sus esfuerzos de marketing comercial, primero debes tener clientes, ¿verdad? ¿Quiénes son tus clientes?

¿Por qué querrían o incluso necesitarían tu producto o servicio? Obtén la mayor cantidad de información posible sobre el grupo de clientes potenciales y adapta tu negocio a tus necesidades.

Sitios web y blogs

Hoy en día, es necesario para todos los negocios. El 80% de los clientes ahora están en línea. Esto significa que si no tienes un sitio web o un blog, estás desperdiciando una gran cantidad de clientes que puedes y debes considerar. Obtendrás mejores resultados en línea que pagando publicidad en televisión o en periódicos. Hoy, si planeas expandir tu negocio más allá de tu área local, la mejor herramienta que puedes usar es una presencia en línea.

Ahora, ¿qué pasa con los blogs? ¡Yo los adoro! Son los mejores para el posicionamiento. Aquí es donde te posicionas como un experto en la industria. Vender tu producto o servicio es más fácil si eres un experto. Los blogs te brindan la oportunidad de compartir tus experiencias, conocimientos y experiencias únicas.

La clave es crear valor aportando información y conocimiento. Aquí hay un pequeño consejo: la regla general para el éxito es dar, y dar, y dar, y dar más. Proporciona información, conocimiento, tiempo y todo.

Conéctate con otros, invierte tu tiempo en publicidad y consultoría. Si quieres tener éxito en el mundo de los negocios, debes aprender a dar ahora y pedir después.

Si eres nuevo en el mundo de los emprendedores y estás leyendo este libro por curiosidad, mi consejo número uno sobre cómo iniciar un negocio es: ¡comienza a escribir un blog! Ahora, si no eres escritor (como yo), empecemos con los otros medios. Crea un canal de videos en internet y comparte tus conocimientos a través de videos y tutoriales.

Contribuye al universo y el universo te regresará el favor en monedas y billetes.

Ahora, aparte de preparar a tu cliente potencial para las ventas. Los sitios web son una gran herramienta para generar confianza y credibilidad para tu empresa. Personalmente, soy de los que reviso a las empresas para ver si tienen un sitio web y saber si se toman en serio lo que hacen. Si no tiene un sitio web, me voy con otros que sí lo tengan. Es así de importante. Y si está pensando que esto no le sucede al resto de tus clientes potenciales, entonces te estás engañando a ti mismo. Buscarán en internet tu negocio o tu nombre y si no pueden encontrarlo allí, entonces despídete de ellos. No permitas que nada tan simple como un sitio web se entrometa en tu camino al éxito.

Sé diferente y sorprendentemente profundo. Recuerdo que fui capaz de llamar la atención de mi público y de las personas en mis redes sociales al hacer afirmaciones audaces. En ocasiones incluso decía cosas que me hacían ver como un loco. Personalmente, no recomiendo esta táctica.

La gente puede tomarlo como una señal de que no eres leal y, como resultado, perderás la credibilidad y la confianza de tus clientes. En mi caso, mi energía y pasión hablaron por sí solas y, finalmente, la gente comenzó a respetarme porque vieron que realmente podía lograr resultados.

En ocasiones, tendrás que hacer cosas extremadamente alocadas para poder llamar la atención. Piensa en aquellas celebridades que han hecho hasta lo imposible para obtener la atención de la prensa y del público. Pero recuerda, llamar la atención no significa poner en riesgo a nadie. Siempre utiliza técnicas éticas para promover tu pasión y energía al público. Asesinar a alguien para llamar la atención de una audiencia no es una buena estrategia de marketing o comercial.

Operando tu negocio

Aquí viene la parte divertida del asunto. En esta sección, hablaremos de las funciones primarias de manejar un negocio.

Un tema en común dentro de este apartado es el concepto del sistema. Queremos estar seguros de que estés dirigiendo tu negocio de una manera sistemática que te brinde resultados y un progreso consistente.

¿Sabes cuál es el nombre del restaurante más famoso del mundo? Si, es la cadena de comida rápida de la cual hablamos hace unos capítulos. ¿Y sabes por qué es tan exitoso? Esto es porque ha desarrollado un sistema consistente de desarrollo a lo largo del tiempo en donde un estudiante puede dirigir el restaurante. Es por eso que la franquicia tuvo un auge durante los años 90 y principios de los 2000. Sigue creciendo hoy, y crece muy rápido debido a su consistencia. Esta cadena rara vez cambia su forma de operar un negocio porque saben que funciona.

. . .

Cuando alguien decide abrir una tienda de franquicia de esta cadena debe asumir un extenso programa de capacitación en primera línea. Ellos hacen un gran trabajo al enfatizar la importancia de comprender el sistema central en el que se ejecutan todas las franquicias que hay.

Un sistema de palabras se define como un conjunto o grupo de cosas o partes que forman un todo complejo o único. El sistema no es sólo un plan o un proceso. Es una forma paso a paso de administrar su negocio. De un procedimiento al siguiente, te permite duplicar el éxito cada vez.

El sistema puede contener un subsistema que debe funcionar parcialmente como un todo.

Esta es una forma sencilla de mostrar cómo funciona un sistema. Imagina que tu negocio vende joyas a través de su sitio web. El primer paso en tu sistema de negocios es la comercialización. Ventas y marketing es un subsistema en el que tienes un conjunto de procesos, procedimientos y actividades que permiten que tu marketing sea exitoso. Tu primer paso puede ser distribuir volantes, cupones y anuncios. El siguiente paso es que el cliente potencial visite el sitio web de tu empresa y desde allí el cliente potencial realice una compra. Este es el final de tu primer subsistema. Ahora, si estás en el negocio de servicios, el proceso de ventas se convierte en otro subsistema que puedes necesitar integrar.

El siguiente subsistema a considerar es el procesamiento de pedidos. Para enviar una gema a tu cliente, hay una secuencia que debes seguir. Primero, completa tu producto y adjunta el recibo de su pedido. En segundo lugar, procesa el pedido marcando la casilla de envío y finalmente entrega el pedido. El último subsistema podría ser el sistema de soporte de servicio al cliente. Es posible que tu cliente desee cambiar o reembolsar el pedido.

6

El Cómo

¡ESTE ES EL ÚLTIMO CAPÍTULO! ¡Felicitaciones, lo lograste! Aquí es donde te presentaré todas las técnicas, estrategias y técnicas que son importantes al iniciar un negocio. Te he preparado exactamente para esto hasta ahora. Ahora tendrás una comprensión mucho más clara de las expectativas que tienes para tu negocio. Tú sabes quién estará involucrado en tu trabajo.

De la misma manera, espero que ahora que te conoces más, hayas descifrado tu visión y plasmado tus metas en el papel.

Has pensado un poco más en lo que vas a vender, ya sea un producto o un servicio. También hablamos sobre cómo la ubicación física y mental de su negocio y la posible presencia en línea pueden afectar su marca de alguna manera.

Finalmente, comentamos el momento y la importancia de organizarlos, así como la idea de que el mejor momento para iniciar tu negocio es ahora.

Algunas cosas a tener en cuenta para este capítulo. Si puedes hacer una cosa y olvidarte del resto, quiero que actúes. Sólo tienes que hacer una de las cosas de las que estoy hablando. Hazlo poco a poco, uno por uno hasta que lo domines, luego podrás pasar a la siguiente tarea. Algo que tienes que tomar en cuenta es que las secciones de este capítulo no se encuentran en ningún orden en particular. Puedes saltar de una sección a la otra dependiendo de tu interés en aprender alguna habilidad específica o si es que necesitas ayuda con algo muy particular. Si eres naturalmente bueno en marketing o en ventas, enfócate en ello y aprende a cómo monitorear las finanzas de tu empresa.

También notarás que este capítulo es probablemente el más largo del libro. Tú elegiste este libro porque deseas aprender cómo iniciar y administrar un negocio. Por lo tanto, aquí no encontrarás términos académicos ni teoría comercial, solo depende de la experiencia personal y el conocimiento profesional. Todo es cuestión de práctica y acción. Ahora, sin embargo, no critico el lado académico del trabajo. Agregan valor en diferentes aplicaciones. Les estoy dando mi propia experiencia y visión de lo que significa dirigir un negocio porque yo mismo lo experimenté.

Si conoces a alguien que es bueno en lo que hace, llama su atención para que pueda ayudarte. Incluso si no termina convirtiéndose en tu socio, deja que esta persona sea tu mentor. Un buen asesor tiene un conjunto específico de habilidades o credenciales que pueden ayudarlo a llevar tu negocio al siguiente nivel.

Esto igual aplica para cualquier especialista de la industria como un corredor de bolsa, un agente inmobiliario, electricista con licencia, carpintero, etc. Escoge tres de cada categoría y desarrolla una relación comercial firme con ellos.

Escoge un mentor

. . .

Hubo una ocasión en la que me rodeé de personas que tenían mucha más experiencia que yo en la industria del emprendimiento. Había algunos que llevaban ya treinta años o más siguiendo el camino del emprendedor y yo apenas estaba comenzando. Ante esto, me di cuenta que todos ellos habían llegado hasta donde estaban por alguna u otra razón y supe que me convenía crear relaciones con ellos.

Así que dejé a un lado mi orgullo y adopté una actitud de curiosidad y entusiasmo por el cambio. Aprendí mucho en solo un año y logré evitar lo que parecían como diez años de prueba y error o más.

Si deseas acelerar el crecimiento de tu negocio, busca un mentor. Encuentra a alguien que haya cometido errores y fracasos antes para que pueda aprender de ellos y evitar volver a cometer los mismos errores.

Este libro en sí mismo puede ser un maestro para ti, y realmente espero que lo sea. Mi objetivo es que cuando termines de leer este libro, te sientas seguro y en camino de convertirte en un gran empresario y administrar un negocio exitoso. Quiero que evites a toda costa el sufrimiento y las molestias que he sufrido y que comparto contigo en estas páginas. Quizá digas "bueno, es que yo quiero cometer mis propios errores y aprender de ellos de mejor manera". Ante eso, ¡te deseo mucha suerte! Sé a lo que te refieres con eso pero, ¿acaso no quieres cometer errores buenos? Lo que quiero decir es, quiero que evites cometer errores de principiante. Si vas a equivocarte, hazlo como un profesional.

Equivócate como un adulto, no como un niño. Te estoy ayudando a dejar de lado los errores "infantiles" para que así puedas equivocarte de la mejor forma.

Ahora, ten cuidado al elegir un mentor. Primero, encuentra a alguien que goce de buena salud. Pero todavía quiero que encuentres a alguien que piense y vea las cosas de manera diferente a ti. Esta persona no necesariamente será mejor o mejor que tú. Solo encuentra a alguien que pueda darte un ángulo diferente.

Por ejemplo, tengo un amigo al que considero un mentor porque me ayuda a ver las cosas ya racionalizar las situaciones de una manera completamente diferente a la mía. Este mentor puede tener más experiencia que tú, por lo que es necesario que te brinde información sobre cómo administrar tu negocio para que crezca.

Sin embargo, hay personas que fingen no serlo. Las personas que acuden a ti y afirman ser mentores en realidad los están subestimando. Luego debes determinar si la información que recibes es beneficiosa o perjudicial para tu desarrollo. Si una persona dice algo como: "¡No hagas un trabajo! Te arruinarás porque la mayoría de los negocios fracasan. ¿No es esa persona obviamente un asesino de la diversión?"

Encuentre un mentor que esté dispuesto a decir: "Lo que haces es desafiante y diferente, así que quiero animarte diciéndote que no te rindas. Prepárate para pedir ayuda si la necesitas." Para mí, esta es una buena señal de que es un buen mentor y una buena persona a quien seguir.

¿Quién es tu cliente?

¡Casi se me olvida esa parte! Aunque ya he hablado de ti y tus socios comerciales, también es importante hablar de los clientes.

Creo que es demasiado pronto para hablar de clientes, pero quería asegurarme de establecer el tono para el último capítulo de este libro. Pronto te darás cuenta de que todos los capítulos que preceden al último capítulo son solo preparativos. El capítulo final cubre las técnicas y funciones de administrar un negocio. Si les doy todos los "caminos" ahora, sería como enviarlos a la guerra sin el entrenamiento adecuado. Así que sería una tontería si te doy todos los recursos técnicos en este momento.

El capítulo final cubre las técnicas y funciones de administrar un negocio. Si te diera todos los "cómos" ahora mismo, sería como enviarte a la guerra sin un entrenamiento adecuado. Así que, sería un despropósito para ti si te diera todos los recursos técnicos ahora mismo.

Bueno, hablemos de tus clientes. Quiero que entiendas perfectamente que no todo el mundo es o será tu cliente. Si ya tienes esa intuición de que puedes convertir a quien quieras en un cliente potencial para tu negocio, debes deshacerte de esa idea ahora. No todos los compradores son o serán. Tienes que entender que no todo el mundo va a pensar en tu negocio. Sin embargo, podemos definir con precisión quiénes queremos que sean sus clientes.

Existen dos cosas importantes que necesito que tomes en cuenta y realices inmediatamente.

(1) Imagínate y crea en tu mente a tu cliente ideal, y (2) piensa en preguntas que te proporcionen conocimiento sobre tu cliente ideal.

. . .

Ahora, veamos cómo sería tu cliente ideal. Tu apariencia, la forma en que hablas, tu demografía, tus antecedentes, tu educación, etc. Crea la imagen más detallada posible. Sé que vas a caer en el molde, pero quédate conmigo, verás de dónde vengo. Si no estás seguro por dónde empezar, comienza entrevistando a familiares y amigos para preguntarles si honestamente comprarían tu producto o servicio.

Puede que no sea tu familia la que te pida una opinión 100% honesta, pero será tu guía. Las personas que te dicen que van a comprar tu producto, averigua por qué. ¿Por qué están interesados en comprar tu producto o servicio? ¿Qué los hace más interesados en su oferta? Si dicen que no comprarán, averigua por qué.

A partir de ahí, quiero que encuentres un denominador común entre las personas que has conocido. ¿Cómo se ven? ¿Cuál es su situación económica? ¿Cuál es su rango de edad? ¿Qué categorías específicas puedes identificar? ¿Qué los hace diferentes?

. . .

Conocer a su cliente te pondrá en el camino correcto hacia el éxito en los próximos capítulos.

Sobre todo cuando empezamos a hablar de marketing, ventas, publicidad y relación con el cliente.

Si te das cuenta de que lo que estás haciendo no es propicio para tu visión y tus sueños, es hora de invertir tus esfuerzos en otro tipo de negocio. Pero no renuncies a la idea de convertirte en emprendedor. No renuncies a tu visión o sueño. Ni siquiera pienses en renunciar a todo para finalmente estar satisfecho con el primer trabajo que se te presente. No te abstengas de una falsa sensación de seguridad. Te voy a decir ahora que alguien o algo en tu futuro te va a desviar de tu visión. Sería demasiado fácil decir que sí y renunciar a tu trabajo. Muchos empresarios exitosos lo han intentado y han fallado. Quienes dijeron que no a la mayoría de estas tentaciones ahora están cosechando el éxito que sembraron, mientras que quienes sucumben a la tentación se preguntan por qué aún no han despedido a sus superiores.

Dirigir un negocio exitoso es la capacidad de decir no a algunas cosas, incluso cuando parece muy difícil. Sentirás que nadas contra la corriente.

· · ·

Así es como lo veo. La lucha es sólo una prueba. Veamos si podemos manejar el estilo de vida que tanto imaginamos.

Es la forma en que el universo prueba si somos dignos de los recursos que tenemos. Si puedo permanecer en el juego el tiempo suficiente, mis competidores me notarán, se sentirán amenazados y eventualmente me permitirán dominar la industria.

Si puedes dar lo mejor de ti, tendrás éxito. El éxito no es un juego de suma de ceros. Que alguien gane no significa que tú tampoco puedas. Las únicas personas que no pueden son las que se dan por vencidas fácilmente a la primera señal de fracaso o por miedo.

Tu voz interior

Una de las principales razones por las que las personas abandonan la vida empresarial es que les importa más el miedo que la visión. Empiezan a crear historias en sus cabezas en lugar de centrarse en lo que tienen delante.

. . .

Aquellos que abandonan las cosas siempre se encuentran abrumados por el "Y qué sí"."¿Y qué si no puedo vender suficiente de mi producto?, ¿y qué sucede si no vendo nada de mi producto?, ¿y qué si caigo en bancarrota y no soy capaz de reembolsar a mis proveedores?" Puedes ver que esta espiral descendente se ha vuelto sin sentido, ¿verdad?

La gente inventa historias que ni siquiera son reales. Nuestros cerebros no pueden determinar qué es real y qué hemos creado en nuestras cabezas. Es muy importante controlar tu voz interior y evitar la tortura de estas historias falsas.

En el otro lado de la moneda, puedes usar la misma mente para crear posibilidades para el futuro. En lugar de enfocarte en todos los aspectos negativos, enfoca tus ojos en los aspectos positivos. Cuando te enfocas solo en el lado negativo, tu mente creará muchos pensamientos negativos que ni siquiera son reales. Donde sea que enfoques tu mente es donde irá tu energía y donde sea que fluya tu energía, tu voz interior la seguirá.

Entonces, ¿de dónde viene esta voz interior? Sólo puede provenir de dos estados mentales diferentes. Viene del amor o del miedo. Cuando el miedo manipula tu voz interior, tiendes a actuar y pensar desde una situación de impotencia.

El miedo te atrapa y distorsiona tu juicio. Sin embargo, si tu voz interior se enfoca en el amor, ganarás claridad y certeza.

Te traerá igual felicidad y resultados positivos en tus relaciones con las personas. Desafortunadamente, hay más personas en este mundo que viven con miedo. Estas personas son opositores, son pasivos y descuidados.

Temen que hay una cantidad limitada de amor que uno puede dar libremente al mundo. Piensan que el éxito es un juego de sumar ceros. Así que no participan y tratan de quedarse lo más posible. Hay muy pocas personas en este mundo que vienen legítimamente del mundo del amor.

Creen en el poder de dar incondicionalmente y sin condiciones cuando se trata de amar a otro ser humano.

. . .

Es así como se relaciona con el mundo de los negocios. ¿Recuerdas que hablamos de la persona más importante en tu negocio? ¡Eres exactamente tú! Si no estuvieras en el espacio del amor y la apertura, ¿cómo actuarías con todo tu potencial? ¿Cómo atraes a los clientes que quieres atraer?

¿Cómo creas posibilidades en tu vida sin amor? Por eso lo mencioné antes de cerrar el libro.

Algunos días terminarás trabajando por dieciocho horas corridas. Tuve un fin de semana en donde trabajé treinta y cinco horas sin descanso. Sin dormir, sin tomar siestas.

Únicamente un café bien cargado y pasión. Si estás enamorado de tu negocio, tienes que estar dispuesto a sacrificar sueño con tal de alcanzar tus metas. De seguro estás diciendo "Bueno, eso es demasiado, ¿no?

Creí que habíamos despedido a nuestro jefe con la intención de vivir una mejor vida" Yo nunca dije que iba a ser sencillo. Pero si trabajas por treinta y cinco horas en una oficina, ¿los bolsillos de quién se hacen cada vez más pesados? ¿Los tuyos, o los de tu jefe? ¡Más te vale que sean los tuyos!

. . .

Todavía quiero enfatizar que tienes que trabajar con las cosas correctas. Si todo lo que haces es trabajar sin un propósito, sin nada que te ayude a mejorar tus procesos comerciales, entonces estás perdiendo el tiempo. Debes invertir parte de tu tiempo en un sistema que eventualmente te permitirá trabajar menos y producir más. Ya sea que se trate de un software de computadora o de la contratación de nuevos empleados, invierte tu dinero y tiempo en la automatización de tu negocio. Cubrimos esto en el Capítulo 6, donde compartí contigo cómo los sistemas de construcción son importantes para crear un negocio exitoso.

Si no sabes cómo automatizar tu trabajo en un sistema en funcionamiento, pasarás mucho tiempo haciendo las mismas cosas una y otra vez. Peor aún, estarás limitado a un ingreso fijo durante el tiempo que inviertas. Maximiza las recompensas por el tiempo que pasas en el trabajo. En lugar de intercambiar tu tiempo por ganancias, aprende cómo puedes intercambiar conocimientos, relaciones y dinero por más.

Mantente apasionado ante todo

. . .

La pasión y la motivación son como los músculos. Los trabajas todos los días para ganar fuerza y mantenerte motivado. Consulta el Capítulo 2 si estás luchando con ideas para motivarte o incluso encontrar pasión dentro de ti. Si no te apasiona lo que haces, te cansarás rápidamente y perderás impulso a medida que crezca tu negocio.

Si te das cuenta de que lo que estás haciendo no es propicio para tu visión y sueños, es hora de invertir tus esfuerzos en otro tipo de negocio. Pero no renuncies a la idea de convertirte en emprendedor. No renuncies a tu visión o sueño. Ni siquiera pienses en renunciar a todo para finalmente estar satisfecho con el primer trabajo que se te presente. No te abstengas de una falsa sensación de seguridad. Te voy a decir ahora que alguien o algo en tu futuro te va a desviar de tu visión. Sería demasiado fácil decir que sí y renunciar a tu trabajo.

Muchos empresarios exitosos lo han intentado y han fallado.

Quienes dijeron que no a la mayoría de estas tentaciones ahora están cosechando el éxito que sembraron, mientras que quienes sucumben a la tentación se preguntan por qué aún no han despedido a sus superiores.

Manejar un negocio exitoso es cuestión de ser capaz de decir que no a ciertas cosas incluso cuando pareciera muy complicado. Te sentirás como estar nadando en contra de la corriente.

He aquí cómo lo veo yo. La lucha es únicamente una prueba. Ver si podemos soportar este estilo de vida que tanto hemos visualizado. Es la forma en que el universo prueba si somos dignos de los recursos que tenemos. Si puedo permanecer en el juego el tiempo suficiente, los competidores me perseguirán, se sentirán amenazados y, finalmente, renunciarán a mi control de la industria.

Si puedes dar lo mejor de ti, tendrás éxito. El éxito no es un juego de suma cero. Que alguien gane no significa que tú tampoco puedas. Las únicas personas que no pueden son las que se dan por vencidas fácilmente a la primera señal de fracaso o por miedo.

Algunos de ustedes no lo lograran. Más de la mitad de las personas que compraron este libro dejarán su empresa o volverán al mundo laboral. Estas son las buenas noticias, tu tienes la opción de mantener tu trabajo o dejar que tu jefe tome el control de tu vida nuevamente. ¡Será mejor que tomes una decisión rápida!

La organización es la clave

He aquí otra clave para convertirse en una persona exitosa. Yo sé que no es nuevo para muchos, pero no puedo hacer más énfasis en la importancia de ser organizado. Principalmente este libro ha sido sobre mantener tu negocio en orden. Pero como discutimos en el primer capítulo, la persona más importante en tu negocio eres tú. Tú debes convertirte en alguien organizado primero antes de poner en orden a otras personas o a un negocio en sí.

Mantén tu escritorio limpio, tus estantes ordenados, tu cama bien hecha. Son las tareas más sencillas las que construyen el núcleo de tú como persona y de tu negocio. Tu disciplina será notable a través de tus acciones y tus clientes se percatarán de ello. Que tan bien sea percibido tu negocio será el reflejo directo de tus expectativas sobre ti mismo. Ahora, no actuaré como tu madre y te diré que limpies tu habitación, pero esto es parte de ser inteligente. Si tienes una casa, un cuarto, un baño o cualquier otra habitación desordenada, o cualquier otra cosa que no mencioné, te recomiendo que vayas a limpiarla. Lo que practicas en tu vida privada terminará por reflejarse en tu vida profesional y pública. De la misma forma va para tu coche si es que tienes uno.

Cuando estaba en el ejército, pasaba una hora al día limpiando mi cuartel. Cada pulgada del piso se limpia con lejía. Las camas estaban hechas cada mañana. Tuvimos que limpiar los baños y las áreas públicas todos los días. Este nivel de disciplina se considera "medio" en las fuerzas armadas.

Entonces, si deseas construir un negocio de un millón de dólares, adopta el tipo de disciplina que lo harás sobresalir en el ejército.

Si no tienes un calendario semanal, te recomiendo que empieces a utilizar uno. Ya sea un calendario instalado en tu móvil o un calendario físico en papel, se trata de adoptar una forma de registrar sus actividades, tareas y horarios en un solo lugar. No hay nada peor que perderse accidentalmente una reunión o una llamada importante. Es solo una cuestión de ejercitar la integridad y hacer lo que dices que vas a hacer. Todos los domingos por la noche, me siento frente a mi diario para planificar mi semana. Ahora, por supuesto, algunas cosas cambiarán en el transcurso de la semana. Pero es mejor planificar su semana. Eres el capitán de un barco que lleva el nombre de tu propia vida. Asumir la responsabilidad de cómo utilizas tu tiempo.

Tomar decisiones

Puedes tomar una decisión por miedo o por amor. A pesar de tu situación o circunstancias actuales, tienes la libertad y la elección de cómo quieres sentirte y pensar. Puedes despertarte gruñón, enojado o frustrado o puedes despertarte agradecido por otro día. Puedes despertarte sintiéndote agradecido por poder simplemente respirar y levantarte con las manos y los pies. Esto se puede aplicar a casi cualquier situación.

Si te das cuenta de que te estás protestando o quejándote de una determinada situación, cambia rápidamente tu forma de pensar y piensa en estar agradecido. Quejarse es solo una expresión externa de los miedos profundos que tienes. Tienes miedo de que algo no te salga bien. Tienes miedo de que otra persona controle tus circunstancias.

Quejarse no logra ni construye nada. Es solo una vibración de energía negativa que flota en tu cabeza. De hecho, esta energía negativa aleja a otras personas y bloquea la creatividad. Aquí no es donde quieres estar, pero donde muchas personas se encuentran ya. Como emprendedor, debes cimentar tu forma de pensar en el amor.

Cuando digo amor, dejemos en claro que no es el amor que nos presentan las películas. Me refiero al amor de las personas y al profundo cuidado que nos tenemos unos a otros. Aclaremos aquí que no me estoy refiriendo a la definición superficial del amor.

Esto es lo que quiero que hagas para proteger tus pensamientos temerosos. Quiero que dejes de ver las noticias.

Anteriormente en este libro hablé de ello. Las noticias están llenas de información aterradora.

Tu mente lo absorbe te guste o no. Para evitar que tu mente haga esto, debes permanecer despierto y proteger tu mente de la basura negativa de la que muchas personas se alimentan.

· · ·

En cambio, quiero que escribas 5 cosas por las que estás agradecido todos los días. Si lo mencioné antes, me gustaría reforzarlo. ¡Esto es lo importante!

¿Recuerdas cómo hablamos sobre rodearte de las personas adecuadas en el Capítulo 1? Bueno, te daré otra reseña.

Comienza a pasar tiempo con personas agradecidas, positivas y amorosas. Estas personas estarán ahí para levantarte, no para derribarte. Se trata del entorno que creas para ti mismo. Verás, algunas personas se ven a sí mismas como víctimas y culpan a sus amigos cercanos o a las personas que los rodean. De hecho, somos nosotros quienes elegimos nuestro entorno.

Conclusión

Hemos llegado a la última parte de este libro y les doy mis últimas palabras. Ahora comprendes lo que se necesita para iniciar y mantener un negocio. Enfrentarás desafíos y luchas.

Lo importante a recordar es que la belleza está en la batalla.

Cada reto al que te enfrentes te hará más fuerte y permitirá que tu negocio crezca más allá de los límites de los prejuicios anteriores. Desearía poder decirles que fue un viaje seguro y estable, pero no les serviría de nada si lo hiciera. La vida de un hombre de negocios es mala. Está lleno de soledad e incertidumbre,y te felicito y aplaudo por haber elegido este camino.

No hay nada más importante que tomar lo que has aprendido aquí y ponerlo en práctica. Y cuando lo hagas, hazlo de una manera inusual. Quiero que empieces a pensar y hacer las cosas irracionalmente.

Si planeas hacer 10 llamadas telefónicas al cliente potencial, prefiero que hagas 100 llamadas. Si vas a escribir una publicación de blog por semana. ¡Quiero que hagas 10!

Multiplica todo lo que haces por al menos 10, y si no, ¡multiplícalo por 100!

Uno de mis mentores ha introducido una idea llamada la Ley de los promedios. Esto se basa en la idea de que más es, simplemente, más. Cuanto más inviertas tu tiempo en desarrollar tu negocio, más ingresos podrás generar. Cuanto más salgas a buscar clientes potenciales, más ventas podrás realizar.

Lo bueno de administrar tu propio negocio es que tú eres cien por ciento responsable de la cantidad de dinero que ganas.

Esperaría que hubieras comenzado tu negocio a estas alturas, ¿qué te está frenando?, ¿es el miedo o está diciendo que no es el momento adecuado o la situación adecuada? Escucha, cualquier momento es el momento adecuado para comenzar un negocio. No hay ninguna ley que te diga cuándo sí y cuándo no puedes iniciar un negocio.

Si eres propenso a poner muchas excusas, quiero que te eches un vistazo a ti mismo y tu interior. ¿Cómo las excusas impactan en tu vida? Quizá tus excusas te han impedido vivir en el presente. Quizá te impidan tomar la decisión de ser feliz y alegre.

La razón por la que escribí este libro no es por la fama o la popularidad, sino por mi amor por la gente. Para aquellos que no han "despedido a su jefe", quiero que imaginen el potencial de alegría y felicidad que esto les puede brindar.

Intentalo. Crea emoción en tu vida. Rompe las reglas y sal del status quo. Realmente quiero que te sientas como yo me siento. Lo que siento todos los días no es producto de mi éxito, sino una decisión. Me tomó un tiempo darme cuenta de que la felicidad no proviene de ciertas situaciones o circunstancias. Todo comienza con una decisión. Decide despedir a tu jefe. Quizás tu voz interna negativa sea tu jefe.

Quiero que por fin le digas adiós a esa voz, a todo lo que te frena y te impide alcanzar tus sueños. Hazlo y que sea ahora mismo.

www.ingramcontent.com/pod-product-compliance
Lightning Source LLC
Chambersburg PA
CBHW050723030426
42336CB00012B/1392